Photo by Michel Barrault / Onze / Getty Images (1978)

ロス・セボジータス時代のディエゴ。（El Templo del Futbol所蔵）

ディエゴを探して

藤坂ガルシア千鶴
Chizuru Fujisaka de Garcia

イースト・プレス

プロローグ　2度目の旅

Prólogo / El Segundo Viaje

1989年3月、私はディエゴ・マラドーナへの憧れから、大学卒業とほぼ同時にアルゼンチンの首都ブエノスアイレスにやって来た。

昔も今も、初対面の人からは必ず「なぜアルゼンチンに来たのか?」と訊かれる。そのたびに躊躇せず「マラドーナが好きだから」と答えるが、私がここに来たばかりの頃は決まって「それならマラドーナがいるナポリに行くべきだ」と指摘されたものだった。

その都度、あえてブエノスアイレスを選んだ理由を説明しなければならなかった。私の心を動かしたのは、単なる「マラドーナに会いたい」という欲求ではなく、「マラドーナについてもっと知り、それを日本に伝える」という目的意識だったのだ、と。

ところが、いざアルゼンチンに腰を落ち着けて生活しはじめると、それまでマラドーナに対する好奇心でいっぱいだった私の頭の中は、この国のものすべてに占拠されてしまった。「圧倒された」と言ったほうがいいかもしれない。

言語、文化、習慣の異なる国での暮らしは、様々な意味において大きな刺激となる。私の場合、社会人としての経験がまったくないまま母国を離れ、政治的、経済的に不安定なアルゼンチンでの生活をはじめ、良くも悪くも多くを学んだ。心底「もう慣れた」と言えるようになるまでには10年ほどかかった。

そんなふうにアルゼンチン暮らしに馴染むため必死になる一方で、自分が一番関心を抱いていたマラドーナの情報は、自発的に動かなくても面白いように次々と入って来ることに気づいた。

日本に住んでいた頃は、アルゼンチンから2週間遅れで届くスポーツ専門誌「エル・グラフィコ」を穴が開くほど読み、新聞のスポーツ欄を毎朝チェックし、「マラドーナ」の文字が掲載されているのを見つけたら、些細な記事でもスクラップした。当時の日本ではサッカーがマイナースポーツだったため、海外サッカーの情報などは例え数行でもありがたかったものだ。ところがアルゼンチンに来た途端、テレビやラジオを聴き流しているだけでマラドーナの近況がわかるようになり、私にとってはかなり衝撃的な変化だった。

サッカーに関する話題はもちろん、マラドーナがどこで誰と会ったのか、何を食べたか、どんな服を着ていて、どの車に乗っていたかといったプライベートな情報まで細かく伝えられると同時に、彼の言動に対するアルゼンチンの人々の反応も、自分の目で見て、肌で感じられるようになった。つまり、「アルゼンチンで暮らすこと」は、「マラドーナという存在が溶け込んだ日常を過ごすこと」を意味していたのである。

特に私がブエノスアイレスに来た1989年は、マラドーナにとって決定的で劇的な年（のひとつ）であったため、報じる側も大忙しだった。ナポリでUEFAカップ優勝を遂げた一方、地元のマフィアやファンとの関係が崩れはじめ、ナポリからの脱出を熱望し、クラブとの関係も悪化した。11月には長年連れ添ったパートナーのクラウディアと1200人ものゲストを招待した盛大な結婚式を挙げている。公私ともに話題は尽きず、ブエノスアイレス市内の新聞スタンドは常にマラドーナが表紙となった印刷物で埋め尽くされていた。

日常にマラドーナが溶け込んだ環境に入った途端、自分の中で満足度が高まり、かつて抱いた目的意識が次第に薄れてしまった。スマホもネットもなかった時代に、単身で地球の裏側まで来た衝動のもととなった「マラドーナのことをもっと日本に伝えたい」という気持ちが、いつの間にか失せてしまっていた。ライターとして、サッカー専門誌にアルゼンチンや南米の情報を寄稿したり、2002年にはマラドーナの自伝を翻訳する幸運に恵まれ、彼がアルゼンチン代表監督を務めた2010年にはワールドカップ予選での戦いぶりを一冊の本にまとめる機会も授かったが、「アルゼンチンに来たからこそわかるマラドーナ」を伝えたことは、これまでに一度もなかったのである。

そして、忘れもしない2020年11月25日、マラドーナは帰らぬ人となった。

私は、身内以外の死でここまで泣けるものなのかと自分でも驚くほど泣いた。自分の運命を変え、「アルゼンチンの日常の一部」だったはずの存在が急に消えてしまったショックは言葉に表せない。しばらく何もできない腑抜けの状態に陥ったが、突如我に返り、20歳の私を地球の反対側までやって来させた理由を思い出した。あのジョゼ・モウリーニョが、亡くなったマラドーナへの思いをこんな風に語ったのを聞いた時だ。

「サッカー界のアイコンとしてのマラドーナについては誰でも知っている。ネットで探せば『マラドーナ』に関することはいくらでも出てくるし、彼のことは誰も忘れないだろう。でも『ディエゴ』となると話は違う。ディエゴはとても大きなハートの持ち主で、私が大敗すると必ず電話をくれた。勝った時ではない。勝利の時は電話なんかいらないことを彼はわかっていたんだ。そして大敗のあと、いつも言ってくれたものさ。『モウ、君がナンバーワンだってことを忘れるな』とね。私はそんなディエゴが恋しいよ」

モウリーニョが恋しがる「ディエゴ」は、サッカーを愛する人なら誰でも知っている「マラドーナ」とは異なり、彼の母国アルゼンチンでも皆が知っているわけではない。マラドーナにはどうしても「悪童」というイメージがつきまとう。過去の様々な不祥事や言動からは、そう思われても仕方がない。「サッカー選手としては素晴らしいが、人間としては……」という意見を抱く人が多いのも当然だろう。

だが、アルゼンチンでマラドーナをよく知る人たちの考え方はまったく逆だ。彼の素顔を知っている人たちは、「サッカー選手としても素晴らしかったが、それよりも人として最高だった」と言い切る。モウリーニョが言うように、寛大で、気立てのいい人だった。常に弱い者の味方で、困っている人を助けるためなら後先考えず即行動に移す男だった。

そういえば昔、フェルナンド・シニョリーニがこんなことを言っていた。シニョリーニは83年から94年までの11年間、マラドーナのパーソナル・トレーナーとして従事した人だ。

「ディエゴとなら世界の果てまで一緒に行く。でもマラドーナにはちょっとそこの角まで付き添うのも嫌だ」

堕落と蘇生を繰り返してきたマラドーナを愛し、信じ、間近で支えてきたシニョリーニだからこそ、より説得力がある。世界的に広く知られているのはあくまでも「マラドーナ」であり、

1990年1月のブエノスアイレス、五月広場。奥に写っているのは大統領府。86年ワールドカップ優勝時、押し寄せた国民にマラドーナがバルコニーから挨拶をした。（著者撮影）

「ディエゴ」は限られた者だけが知ることを許された、愛しくてたまらない存在だった。

「誰もが知っているマラドーナ」と「自分だけが知っているディエゴ」。後者はまさに、かつて私が「文章にして伝えたい」と考えていたものだ。

30年以上前の志をないがしろにしてしまっていたこと、それに今頃気づいたことへの後悔について、私は友人ダニエル・アルクッチに打ち明けた。アルクッチは『マラドーナ自伝』の著者で、ディエゴ・マラドーナという人物を最も正確に、忠実に表現できる（とマラドーナ本人からもお墨付きを受けた）ジャーナリストだ。

自責の念に駆られる私に、アルクッチは

言った。

「君にとって、これを2度目の旅と考えればいい。最初の旅では、マラドーナが生まれたアルゼンチンまでやって来た。そして今度は、本人がいなくなってしまった状態で『素顔のディエゴ』を探すために、時を越えた旅に出るんだ。その過程で、すでに知っていたことを再確認したり、まだ知らなかったことに驚いたりするだろう。きっと面白い旅になるはずだ」

過ぎてしまった時間を取り戻すことはできないが、その間に確かに存在したいくつもの「ディエゴ」を拾い上げ、伝えることは今からでもできる。「神」と崇められた男の「人間」としての部分を知ってもらうことができたなら、私はアルゼンチンまで来た目的をやっと達成したことになる。


ディエゴ・マラドーナの死後、著名風刺画家ロベルト・フォンタナロサ（故人）が残した名言として、アルゼンチン国内ではこんな言葉が出回った。

「ディエゴが自分の人生で何をしたかなんて、俺には興味がない。重要なのは、彼が『俺の』人生をどうしてくれたのかってことだ」

私もマラドーナに人生を変えられたひとりだ。彼に憧れていなければアルゼンチンに来ることはなく、夫となる人と知り合うことも、ふたりの娘を授かることもなかった。好きな南米サッカーについて執筆しながら、慎ましくも幸せに暮らしているのはマラドーナのおかげなのだ。

世界には、私と同じようにマラドーナから人生に影響を受けた人が大勢いる。この本では、そんな影響力を間近で感じ取った様々な人々の体験や証言を紹介しながら、貧民街で生まれ、世界規模のスターとなった天才的サッカー選手がどんな人だったのかを紐解いていきたい。何らかの結論を出すためではなく、彼を裁くためでも庇うためでもなく、「素顔のディエゴ」をありのままに知っていただくために。

CONTENTS

プロローグ　2度目の旅　2
光り輝く星の下　12

第1部 「マラドーナ」以前のディエゴ
Diego en su infancia

「小さな玉ねぎ軍団」に魅せられて　16
運命を変えた幼馴染　21　内気な少年が見せた奇跡　26
無敵のカテゴリア60　31　ロス・セボジータスの誕生　42
モヌメンタルを沈黙に陥れたゴラッソ　48　天才の脳　57
「カピタルの10番を見たか?」　60　ふたつの過ち　64
「ここの土を持って帰ってもいいか?」　71　「裏切り者」に盗まれた神童　74

第2部 みんなのディエゴ
El Diego de la gente

ディエゴは誰のもの？　82
1枚の写真　84
金網越しのヒーロー　91
ラスカーノ通り2257番地の思い出　100
「真っ赤なフェラーリの夢を見た」　109
「マラ」と「ドーナ」に託した反逆の精神　114
俺の足は君の足　120
ボケンセを救ったシャツ　128
「この子には手を出すな！」　134

第3部　ディエゴは神なんかじゃない
Diego no es Dios

母国の代弁者か、最も人間に近い神か　144
「マラドーナなんか糞食らえ！」　150
美しき頭脳のリーダー　156
ディエゴは神なんかじゃない　166
「このユニフォーム、まだ欲しいかい？」　178
灰色の人生を捨てて　189

エピローグ　いつも心に「13歳のディエゴ」がいた　204
ディエゴ・アルマンド・マラドーナ年表　216

光り輝く星の下

Bajo el resplandor de una estrella

陣痛がはじまり、私はお腹がだんだん硬くなっていくのを感じました。夫と、一緒にいた義姉のアナ・マリアが「急いで病院に行かなければ」と慌てはじめ、私たちはフィオリートの駅まで3ブロック歩いて、そこから隣町のラヌースまで電車で行きました。

降りた駅はエビータ病院から1ブロック半のところにあって好都合だったのですが、その頃には痛みが増して、立っているのがやっとという状態でした。

もうすぐ病院のドアに着くという時、

歩道の淵に何か光っているものが見えて。私はどうしても気になって、かがんで拾ってみたところ、それは星の形をしたブローチで、小さなラインストーンがついていてキラキラと光っていました。
私はそれを胸につけて、光る星を見ながら、生まれてくる我が子が特別な存在になるとわかったのです。
ディエゴが生まれたのは、その15分後のことでした。

――ダルマ・サルバドーラ・フランコ
（マラドーナの母）

マラドーナが生まれたフィオリートにあった草サッカー場。現在はもうない。(2004年撮影)

Buscando a Diego

第1部

「マラドーナ」以前のディエゴ

Diego en su infancia

アルヘンティノスのホーム「ラ・パテルナル地区」。建物の上にあるのはロス・セボジータスが移動に使っていた軽トラック。

「小さな玉ねぎ軍団」に魅せられて

Fascinada por Los Cebollitas

マラドーナは波瀾曲折の一生を送った。ある人は「マラドーナは60歳で亡くなったが、１２０年分生きたと言っていいほど刺激的な人生だった」と言ったが、まさにそのとおりだ。

ジュニアチームでサッカーをはじめた１９６９年から亡くなる２０２０年までを数年毎に区切って10節ほどに分けてみると、その中のどの１節を切り取っても、そこだけでドラマチックな起承転結が成り立っていることがわかる。

壮絶な浮き沈みが何度も繰り返されて収拾がつかなくなるため、マラドーナの一生をまとめることは至難の業だ。仮にドキュメンタリーの類を作るのであれば、どれか１節を選び、その時期だけに絞る形にしたほうがいい。生前に作られた最後のドキュメンタリー映画「ディエゴ・マラドーナ 二つの顔」（アシフ・カパディア監督作品、２０１９年）の完成度が高い要因のひとつは、ナポリ時代を軸とする7年間にスポッ

カテゴリア60のメンバー。後列右からマラドーナ、フランシス、ゴージョ。前列左から4人めがロドリゲス、6人めがデルガード。（フランシスの著書『Cebollita Maradona』より）

トを当てているからだ。

仮に私が「ディエゴ」を知ってもらうためのドキュメンタリーを作るとしたら、1969年（8歳）から1976年（15歳）までの7年間を選ぶ。「天才児ディエゴ」がプロデビューして「マラドーナ」になる前の段階で、その後歩むことになる輝かしいキャリアの起点となった重要な時期であり、アルゼンチンの人々から狂信的に敬愛された理由にもつながる大切なステージである。

しかも、この7年間のストーリーはあまり深く伝えられていない。その証拠となるのが、「ロス・セボジータス」にまつわるいくつかの疑問だ。

マラドーナのファンならば、彼が少年時代に「ロス・セボジータス」という名のチームでプレーしていたことはご存じだろう。連勝記録が136試合とも、151試合とも、はたまた200試合とも言われる伝説のチームだ。

ロス・セボジータスとは、スペイン語で「小さな玉ねぎ」を意味する。複数形なので「小さな玉ねぎ軍団」とでも訳そうか。

マラドーナは当時から天才児と絶賛され、アルゼンチンのジュニアサッカー界ではすでにちょっとした有名人だった。にもかかわらず、それほどの選手が所属するチームが「小さな玉ねぎ軍団」だとはちっとも強そうな印象を与えないし、むしろ違和感さえ覚える。ここアルゼンチンでも、よほどのマラドニアーノ（マラドーナ信奉者）でない限り、ロス・セボジータスのネーミングの由来を正確に答えられる人に出会うことは難しい。

また、マラドーナの「生い立ち」としてまとめられたもののなかには、時折「幼少期にロス・セボジータスに入団」という記述を見かけることがあるが、実際はそうではない。マラドーナは8歳でジュニアチームに入団してから15歳でプロデビューを果たし、81年にボカ・ジュニオルスに移籍するまでの約12年間、ずっとアルヘンティノス・ジュニオルスに所属していたのである。

では、名前の由来も、マラドーナがいつプレーしたのかもよくわからないロス・セボジータスとはいったい何だったのか。後ほど紹介するエピソードのなかで解かれるこれらの謎は、彼の少年時代が思いのほか知られていない証拠と言ってよいだろう。

ドキュメンタリー映画に仕上げることが可能だったナポリ時代とは違い、映像がほとんど残されていない少年時代の7年間について知ってもらうためには、あの頃のマラドーナと時間を共有した人たちの証言だけが頼みとなる。

当時のマラドーナについて、誰よりも詳しく語ることはできるのは、彼をアルヘンティノスのジュニアチームに入団させ、トップチームに引き抜かれるまでの約7年間にわたって指導にあたった「フランシス」ことフランシスコ・コルネーホだ。マラドーナにとっての最初の監督であり、プロ入りするまで大切に育ててくれた「恩師」である。

私は過去、フランシスに何度か会い、子どもの頃のマラドーナについて興味深い話をいくつか聞かせてもらったことがあった。とても誠実で几帳面な指導者で、普段は銀行で働きながら、自ら「天職」と呼んだジュニア世代の育成に全身全霊を注いだ。選手の素質を見抜く目を持っていたことから、その気になれば「マラドーナの恩師」という肩書きだけで代理人として大儲けできる条件を揃えていたが、ビジネスとしてのサッカーを毛嫌いし、子どもたちにはとにかくプレーを楽しむこと、ゲームに対する純粋な情熱、帰属意識、忠誠心といったモラルが何よりも大切であると教えていた。

２００８年3月、フランシスは白血病のため76歳で帰らぬ人となった。彼がマラドーナと過ごしたかけがえのない7年間の軌跡を、ここで改めて語ってもらうことができたらどれほど素晴らしかったことだろう。

幸い、フランシスと近しい関係にあったアルヘンティノスのクラブ役員や友人、マラドーナの幼馴染、ドクター、そしてサポーターなどから、当事の様々なエピソードを再現するかのように詳しく語ってもらうことができた。そこに私が過去の取材でフランシスから実際に聞いた話を加え、「マラドーナ」になる前の、少年時代のディエゴのエキサイティングなストーリーをいくつか紹介しよう。

運命を変えた幼馴染

Un amigo que cambió el destino

マラドーナを発掘したのは、彼の最初の指導者となったフランシスことフランシスコ・コルネーホだと言われている。フランシス自身も生前は「マラドーナを発掘したのは私」と話していたが、厳密に言えばフランシスは「少年時代のマラドーナを大切に育てた恩師」であり、発掘者ではない。

世間の目につかない場所でマラドーナの才能に気づき、彼の運命を大きく変えたのは、幼馴染のグレゴリオ・カリーソ、通称「ゴージョ」だ。

マラドーナが生まれ育ったのは、ブエノスアイレス州ローマス・デ・サモーラにある「ビジャ・フィオリート」という町。貧困層が生活する地区で、外部の者が足を踏み入れることは非常に危険とされる。私も何度か取材で訪れたことがあるが、毎回必ず現地に住むガイド役を介し、護衛となる人をつけて入ることが条件とされた。現在は都市開発プロジェクトが進められ、以前と比べると犯罪件数も減ったが、マラドーナが住んでいた60年代はブエノスアイレス郊外で最も物騒なスラム街のひとつだった。

ゴージョもそんなフィオリートの出身で、生まれたのはマラドーナとわずか9日違いの1960年10月21日。ふたりは地元の小学校に通いはじめた時に知り合い、すぐに仲良くなった。

「ペルーサと私はボールで結ばれていたんだよ」

「ペルーサ」とは当時のマラドーナの愛称で、「ふさふさの毛」を意味する。6歳の頃から毎日一緒にボールを蹴って遊んでいたが、草サッカーの試合ではライバル同士だった。

「私はトレス・バンデーラスというチームにいて、ペルーサはエストレージャ・ロハでプレーしていた。親父さんが監督でね。年齢は関係なかったから、自分より歳も身体も大きな人たちと一緒になって試合をしたものさ」

エストレージャ・ロハは、マラドーナの父ドン・ディエゴが隣人を集めて作った草サッカーのチーム。ある日、8歳のゴージョはアルヘンティノス・ジュニオルスのジュニアチームの入団テストに行くチャンスを得る。大勢の子どもたちが集まるなか、同クラブでジュニア世代の指導を総括していたフランシスはゴージョだけを合格させた。

エビータ大会でのロス・セボジータス。白いシャツ、左がゴージョ、右の舌を出しているのがマラドーナ。(『Cebollita Maradona』より)

その時の印象について、フランシスはこう語っている。

「貧しい家庭の育ちから身体は痩せ細っていたが、天性の得点感覚を持っていた。ストライカーというのはエリア内でエゴイストになるものだが、ゴージョの場合は周りをよく見ていて、はじめて一緒にプレーする仲間とも連携を試みていた」

アルヘンティノスに入団したあとも、ゴージョはフィオリートでの草サッカーを続け、親友の華麗な足技に日々魅了されていた。そして、フィオリートではライバル同士だった親友とアルヘンティノスでチームメイトとして一緒にプレーしてみたいという思いから、1969年3月、フランシスにディエゴを推薦したのである。

「今度友達を連れて来てもいいかと聞いたんだ。フランシスは新しい選手を入れることに全然乗り気じゃなかったが、自分よりもずっと巧いからと説得したのさ」

ゴージョが加入したことで、アルヘンティノスのカテゴリア60（1960年生まれの選手のカテゴリー）はどのポジションにも優れた選手が揃い、フランシスは、このチームに非常に満足していた。

他のチームの同年代の子どもと比べると、どちらかというと小柄なメンバーの集まりだったが、全員がボールを扱うテクニック、パスのタイミングと精密さ、キック力に優れており、細かいパスをつなぎながら得点のチャンスを逃さないポゼッション中心のチームに仕上がっていた。

満足していたのはチームとしての仕上がり度だけではない。カテゴリア60の選手たちは仲間意識がとても強く、深い友情と連帯感で結ばれていた。フランシスはアルヘンティノスの他のカテゴリーの指導も務めていたが、6歳上の9軍（ユース世代最年少、満14歳のカテゴリー）でさえ、ピッチ内外でこれほど調和の取れたチームにはなっていなかった。

フランシスは子どもたちが物事を何でも大袈裟に話すことに慣れていたが、チームきってのストライカーであるゴージョが「巧い」と褒めちぎることに僅かながら興味を抱いた。

「『次のトレーニングに連れて来なさい』と言ってくれた時は嬉しかったよ。その日が来るまで、ペルーサのプレーを見てびっくりするフランシスの顔を想像したものさ」

南半球のアルゼンチンで、まだ残暑が残る1969年3月のとある土曜日、ゴージョはマラドーナを連れて電車とバスを乗り継ぎ、2時間以上かけてアルヘンティノスのトレーニング場に向かった。そしてこの日から「ペルーサ」の運命は大きく変わることになる。

ゴージョの推薦がなければ、フィオリートでひっそりと暮らしていたマラドーナがフランシスの目に留まることはなかった。育成に定評のあるアルヘンティノスへの入団は超難関とされており、そこを突破した逸材のゴージョが太鼓判を押す存在だったからこそ、フランシスにプレーを見てもらえるチャンスを得たのだ。

2015年にアルゼンチンで公開されたドキュメンタリー映画『El Otro Maradona』（もうひとりのマラドーナ）で、ゴージョはこう語っている。

「僕らの夢はトップチームで一緒にプレーすることだった。いつもふたりで話していたんだよ。『一緒にキャリアをはじめて、一緒に終えよう』とね。残念ながら実現しなかったけど、私はいつも神がディエゴにすべてを与えてくれたことに感謝しているのさ」

内気な少年が見せた奇跡

El milagro de un niño introvertido

生まれ育ったスラム街を出てアルヘンティノスのジュニアチームでプレーしはじめた頃のマラドーナは口数も少なく、どちらかというと内向的だったというと驚かれるかもしれない。幼馴染のゴージョに連れられて、はじめてアルヘンティノスのトレーニング場に現れたディエゴは極度の恥ずかしがり屋だった。底が擦り切れたスニーカーに色褪せたTシャツという身なりに、同年代の子どもよりずいぶん小さな身体で、ゴージョから仲間たちに紹介されるたびに伏し目がちに挨拶をしていたという。

だが、そんな恥ずかしがりな一面はボールを蹴った瞬間にたちまち消えた。以下は、マラドーナが天才的なプレーからベテラン指導者のフランシスを驚嘆させた時の話である。

フランシスのトレーニングはゲーム練習が主だった。ゴージョが「自分よりも巧い友達」を連れて来たその日もチームをふたつのグループに分けて試合をさせながら、内気で小柄な少年のスキルを見ることにした。

左利きであることはゲーム前にちょっとボールに触れたときから明らかで、裁き方も大したものだった。トラップも巧く、まるで身体がボールと一体化していたかのようだった。

だが試合がはじまって間もなく、フランシスはとんでもないプレーを目の当たりにする。いとも簡単にいくつかの股抜きを見せたあと、浮き球のパスを左足で受け止め、ボールを地面に落とさないままディフェンダーの頭越しにシャペウ（ボールを足で掬い上げて相手の頭上を抜く難度の高いテクニック）をやってのけたのだ。

フランシスの頭の中に真っ先に浮かんだのは「子どもにこんなプレーができるわけがない」という疑念だった。１９５３年にジュニア世代の育成の仕事をはじめてから16年間、8歳の少年がこれほど卓越した技術を使ったプレーをごく自然にこなす場面に出くわしたことはなかった。

テクニックだけでなく、ピッチの中での動きそのものに子どもらしさがなかった。この世代の子どもたちは、少しでもドリブルができると調子に乗ってしまうものだが、この子は違う。仲間にパスを出すタイミングを常に見計らいながら、あくまでもスペースを切り開くための一手段としてドリブルを使っていたのだ。ただでさえレベルの高い少年たちが集まるアルヘンティノスでもカテゴリア60には特に優れたタレントが揃っていたが、マラドーナはそんななかで一際輝いていたのである。

ゲーム練習が終わると、フランシスはすかさず「ペルーサ」と呼ばれる、子どもらしくない子をつかまえて訊ねた。

「君は本当に1960年生まれなのかい？　身分証明書を見せてくれないか」

それまで大人のように堂々とボールを操っていた少年は急に肩をすくめ、ほそぼそとした声で「身分証明書は家に置いてきた」と言う。そして、ゲーム中に見せた不敵な態度はすっかり消え失せ、まるでいたずらを咎められた子どもが大人に助けを求めるかのような視線でゴージョの顔を見ている。

フランシスは考えた。もしこの子が嘘をついていて、1960年生まれではなかったとしよう。それでも、これほどのテクニックを持つ選手を放っておくわけにはいかない。ボールを奪いにかかるマーカーたちを素早いターンでかわし、球離れも速く、自分より身体の大きな選手に簡単につぶされることもない図太さは、スラム街での草サッカーで養ったことが明らかだった。線が細すぎるが、フィジカル強化の余地はある。アルヘンティノスで試す価値はあると判断したのだ。

マラドーナとフランシス。(『Cebollita Maradona』より)

年齢を確認するための手段は、身分証明書を見せてもらうことしかない。そこでフランシスは、悪名高いフィオリートまで行くことにした。危険が伴うことは百も承知だったが、どうしてもその日のうちに年齢を確かめ、両親からアルヘンティノス入団の許可をもらいたかった。

フィオリートの家で息子の帰宅を待っていた母ドーニャ・トタ（本名はダルマ・サルバドーラ・フランコ）は、突然の来客に一瞬戸惑ったが、フランシスから事情を説明され、出生証明書を取り出して見せた。紙はやや黄ばんでいたが、そこには名前と生年月日、出生地が手書きの文字ではっきりと記されていた。

「ディエゴ・アルマンド・マラドーナ

「1960年10月30日にエビータ病院にて誕生」

横では「ペルーサ」がフランシスの顔を覗き込みながら、恥ずかしそうに笑っていた。まるで疑いが晴れたことを喜んでいたようだったが、フランシスから「アルヘンティノスでプレーしたいか」と訊かれると、その笑顔は一気に輝きを増した。

後年、アルヘンティノスのカテゴリア60でのマラドーナと仲間たちについて著した本『Cebollita Maradona』（セボジータ・マラドーナ）の中で、あの日のことについてフランシスはこのように綴っている。

「すべての人が一生に一度は奇跡に遭遇するという。だが、それに気づくことは滅多にないそうだ。でも、私は気づいた。1969年3月の午後、サーベドラ公園の濡れた芝生の上で、背の低い8歳の少年がボールを使って驚異的なことをやってのけた瞬間、まさにその奇跡が起きたんだ」

無敵のカテゴリア60

Los invencibles de la Categoría 60

プロサッカー選手としてコロンビアのインデペンディエンテ・メデジンで活躍した父ペルフェクトと同じように「モノ」（猿）の愛称で親しまれるクラウディオ・ロドリゲスは、8歳の時から5年間マラドーナと一緒にプレーした。カテゴリア60でゴールを量産し、試合によってはマラドーナよりも高い評価を受けていた優れたフォワードだった。

アルヘンティノスの機関紙でも「注目のコンビ」としてマラドーナと一緒に紹介されていたこと、フランシスもよくロドリゲスの名前を挙げていたことなどから、私は以前から彼に興味を抱いていた。74年に他のクラブに移籍しているため、もしかしたらアルヘンティノスに対するわだかまりのようなものがあり、当時の話もあまりしたがらないのではないかと勘ぐったが、幸い、それは大変な思い違いだった。

「アルヘンティノスのジュニアチームでプレーしていた頃が、ディエゴにとって人生で最も幸せな時だった。『世界のマラドーナ』として有名になる前の時期だ。俺が勝手にそう思っているのではなく、本人がそう言ったのだから間違いない」

当時、マラドーナは週に3度のトレーニングのあと、機会があればブエノスアイレス市内の高級住宅街に住んでいたロドリゲスの家を訪れ、フィオリートの自宅になかったテレビを観たり、大好きなミラネッサ（アルゼンチンの家庭料理を代表する牛カツ）をご馳走になった。

「ディエゴとは1日平均15時間くらいは一緒に過ごしていた。とにかくチームのメンバーは全員仲が良かったんだ。ディエゴやゴージョみたいに貧しい家庭の子もいれば、経済的に余裕のある家で育った子もいたが、俺たちにとって社会的な階級の差なんてまったく興味のないことで、どうでもよかった」

グループ内の団結力の強さはプレーにも表れていた。もともと優れた連携プレーを見せていたアルヘンティノスのカテゴリア60はマラドーナが加入してからますます攻撃力を高め、無敵艦隊と化した。

「俺たちは4~5点差以上つけて勝つのが当たり前になっていた。対戦相手は何としてでも俺たちに勝ちたかったから、明らかに年上と思われる選手が混ざっていたこともよくあったよ。特にディエゴをマークさせるために、身体の大きい選手を出場させていたのさ。そんな不正行

—— DIVISIONES INFERIORES ——

TAN CHIQUITOS Y YA LA 'ROMPEN'...

Un inmenso verde, y una numerosa chiquilinada corriendo tras la redonda era el rejuvenecedor cuadro que presentaba el Parque Saavedra, en una hermosa tarde soleada.

En una de las tantas canchas practicaba Francis con la división 1960. Estos son los cebollitas que en los entretiempos de los partidos de ARGENTINOS como local, concentraban las miradas de cientos de espectadores, que ríen con la zurda precoz del Nº 10, o con la imantada cabeza del Nº 8. Nos sentamos en el pasto, y es allí donde Daniel Aníbal Delgado, "Pólvora", y Diego Armando Maradona "Pelusa", nos dan sus impresiones sobre esta famosa división. Danielito Delgado es el Nº 11 y capitán del equipo; Dieguito Maradona es el habilidoso Nº 10, que tantos elogios recoge del público que ya lo admira...

La fama de la división ya es elocuente. Por todos lados se habla de ella. Todos los habitués al estadio de J. A. García y Boyacá no hacen más que elogiarla.

Polvorita con una sonrisa de oreja a oreja habla del equipo con mucho cariño, es que él es el más "viejo", pues lleva tres años... Lo apodan de esa manera debido a la potencia inusitada de su zurda.

"Muchas jugadas las conocemos de memoria... Nosotros jugamos al toque y nos divertimos mucho..." Los espectadores también se divierten, quizás no tanto como ellos, pero es muy agradable ver un túnel, una pisada, una gambeta en un pibe de tan sólo 10 años, que apenas pasa el metro de altura...

Pelusa Maradona, es el famosísimo Nº 10. Es quizás el más publicitado de todos, ya que apareció en innumerables publicaciones e incluso estuvo en la televisión. Nos mira con su carita pícara, y asiente con un significativo movimiento de cabeza, todo lo que dice el "viejo" capitán. De todos modos creemos que no le debe interesar mucho el reportaje. Para él, lo mejor es la pelota, así que mira reiteradamente una cancha vecina, mientras con una matita de pasto golpeándola contra el suelo demuestra su disconformidad por no poder seguir jugando.

Es que a Dieguito no le gusta nada este renombre que está adquiriendo. El sólo quiere divertirse, entonces no entiende todo este barullo en torno suyo, tan sólo porque juega bien. El quiere ser igual a los demás; correr, saltar, reír... No quiere felicitaciones ni fotos, ni reportajes, sólo quiere divertirse con sus compañeros. Sus tiernos once años le dan esa tenacidad para poder conseguirlo, y esa despreocupación por realizar sus gambetas, para sortear inconvenientes, para eliminar rivales, para marcar muchos goles, tantos como el cielo infinito...

Tal vez se pierda, así como lo hicieron muchos otros, pero ahora quiere ser como todos, aunque se perfile como un prodigio de la zurda...

Nos mira otra vez, y sus cortos años lo obligan a una reflexión:

"Por nada del mundo me voy de acá... Aquí está Francis, y están todos los pibes, que son mis amigos"...

Su historia es simple, fácil, tierna... Un día, hace ya un año, se

CLAUDIO y DIEGO
"Los fenómenos..."

EL DELEITE DE LAS TRIBUNAS... Claudio Rodríguez y Diego Armando Maradona juegan de cabeza, para satisfacción de cientos de espectadores que ven en ellos a los precoces fenómenos de ARGENTINOS JUNIORS.

アルヘンティノスの機関紙で紹介されたカテゴリア60。写真上、
左がロドリゲス、右がマラドーナ。(『Cebollita Maradona』より)

為にフランシスはかんかんになって怒っていたけど、それでも負けやしなかった」

だが、いくら大量得点をあげても対戦相手を嘲笑するような真似は絶対にしなかった。フランシスは、細かいパスをつなぐ美しいサッカー以外にも、子どもたちに謙虚であること、相手を敬うことの大切さを常に教えていたからだ。

「フランシスはとても厳しい監督だった。ベンチからうるさい指示を飛ばすようなことは絶対にしなかったが、一度ディエゴと俺が試合中に注意されて、あとでロッカールームでこっ酷く叱られたことがあったよ」

それは、あるトーナメントに参加した時のこと。カテゴリア60はいつものように相手チームを圧倒し、前半の間にマラドーナ、ゴージョ、ロドリゲスの攻撃トリオがそれぞれ2点以上決め、8－0の大差をつけた状態でハーフタイムとなった。

後半がはじまってからもゲームを支配し、決定的なチャンスを次々と作ったが、不思議なことにマラドーナとロドリゲスのシュートがまったくゴールに入らなくなった。ともに優れたシュート技術を持っており、いつもと同じきれいなフォームでボールを蹴っているにも関わらず、どういうわけか彼らの足から放たれるシュートはすべて、勢いよくバーの上を越えてしまうのだ。

フランシスは困惑し、隣にいたドン・ホセことホセ・トロッタと顔を見合わせた。ドン・ホセはチームのメンバーだったオスカル・トロッタの父で、フランシスのアシスタント・コーチであり、移動手段だった軽トラックの運転手でもあった人だ。

しばらくそのような状態が続き、ベンチのふたりは困惑する一方だったが、やがてドン・ホセがその理由に気づいた。

「フランシス、あそこにある木を見てくださいよ」

ドン・ホセに言われるままフランシスが相手ゴールの後ろを見ると、15メートルほど離れたところにあった木の枝に、大きなオルネーロ（カマドドリの一種でアルゼンチンの国鳥）の巣があるのが見えた。マラドーナとロドリゲスは、どちらが先にその巣を落とすか競争していたのだ。

「あの時のフランシスの顔は今でも忘れられないよ。真っ赤になって怒っていた。ディエゴはベンチを見ようともしなかったな。フランシスのことがよっぽど恐かったんだろう。どっちが最初に巣を落とそうと言い出したのかは覚えていないが、お互いに負けず嫌いだったから真剣勝負だったよ。もちろん、フランシスにばれてからはすぐにやめたけどね。それから俺たちはいつものようにゴールを決めるようになって、試合は結局14－0で勝った」

試合後、マラドーナとロドリゲスを待っていたのはフランシスの説教だった。

「相手チームとチームメイト、そしてサッカーへの敬意を欠く行為だと言われたんだ。フランシスから『チームから外すぞ』と言われた時、ディエゴは今にも泣き出しそうな顔になってい た。あの時のフランシスの怒りっぷりは、今でも当時の仲間たちの間で語り草になっているほどすごかったからな」

フランシスによると、マラドーナが試合中に集中力を失ったのはあの時が最初で最後だったそうだ。

アルヘンティノスのカテゴリア60はジュニアサッカー界の間で注目されるようになり、「ディエゴ・マラドーナという天才がいる」という噂はたちまちアルゼンチン全土に広がって行く。そしてやがて、試合会場には多くのサポーターが集まるようになった。その現象について、フランシスは自身の著書でこう綴っている。

「あの頃からみんな知っていたのです。ディエゴが出場している試合を観に行けば、おみやげにちょっとした魔法を持ち帰ることができると」

ロドリゲスも「ディエゴのプレーは本当に魔法そのものだった」と力強く語る。最初のゲーム練習でシャペウを見せてフランシスを驚嘆させたが、その後、実戦でも同じプレーを何度もやってのけた。マラドーナがシャペウでフェイントをかけてからパスを出し、ゴール前でそれを受けたロドリゲスがゴールを決めるというようなシーンはもはやチームの定番プレーとなったが、86年ワールドカップのイングランド戦で見せたようなドリブル突破からのゴールも、このころから披露していたという。

そんな「魔法」の数々を見ていたひとりの高齢者が感動し、自分が乗っていた自転車をその場でマラドーナにプレゼントしたことがあった。当時の子どもたちにとって自転車は憧れの品で、マラドーナもサンタクロース宛に「僕とお姉ちゃんたちのために自転車をください」と手紙を書いたことがあったほどだ。見知らぬ高齢者からの贈り物にマラドーナも最初は戸惑ったが、仲間たちから促され、照れながらも嬉しそうに受け取った。

「子どものチームにあれほど多くの熱心なサポーターがつくなんて、他に例がないことだ」とロドリゲスは言う。「アルヘンティノスの人はもちろん、クラブとは無関係な人たちまで観に来ていたからね。特に毎日サーベドラ公園に集まってチェスをしていた高齢者のグループは、カテゴリア60の試合に欠かせないサポーターだった。とにかく俺たちが行くところにはたくさんの人が集まったから、集客目的でバビーフットボールのリーグ戦に招待出場したこともあったくらいさ」

バビーフットボールとは、5人制の室内サッカーのこと。フットサルとは異なり、スライディングタックルやボディコンタクトが許され、キックインではなくスローインを使うなど、よりサッカーに近いルールで行なわれる競技で、競り合いの強さや突破力、狭いスペースでの素早い判断力などを養うために有効と考えられており、リオネル・メッシをはじめとするアルゼンチン出身のプロ選手たちはほぼ全員がジュニア時代にバビーフットボールからサッカーをはじめている。

だがフランシスはバビーフットボールには否定的だった。「サッカーとは11人制のピッチでやるもの」という考えの持ち主で、トレーニングの時間の大半をゲーム練習に割いていたのもそのためだった。

アルヘンティノスはバビーフットボールでも無敵で、最低でも7～8点の差をつけながら勝点を加算し、序盤から首位を独走して優勝も確実だったが、ある日突然、フランシスはリーグ戦を棄権する決断を下す。選手たちがコンクリートの床で膝や肘をすりむく様子を見て、「これ以上怪我をさせたくない」と思ったのだ。

ジュニア世代におけるバビーフットボールの普及は、アルゼンチンが世界で通用する選手を次々と輩出する大きな要因のひとつと考えられている。それとは無縁の環境からトップクラスのプロとなったマラドーナのケースは例外と言っていいだろう。

無敵のカテゴリア60の強さが知れ渡ると同時に、トップチームの試合のハーフタイムショーに登場しては巧みなリフティングで観衆を楽しませる天才児マラドーナの噂も一気に広まった。

1. Diego en su infancia

mente insólito. Increíble. Ocu-
rrió en una cancha mexicana.
Exagerados, ¿no?

estudios, ...
El joven volante calamar ...
cumplido recién los 20 años.

LA PLACA SECRETA

LO MEJOR DEL ESPECTACULO

DIEGO ARMANDO MARADONA. Un pibe que promete. Juega en la novena de Argentinos Juniors. Es de los que colaboran, haciendo volver la pelota al campo cuando sale. En el entretiempo Argentinos-River se mandó un "show" haciendo bailar la pelota por todo su cuerpo... Quien lo dirige dice que será sensación... ¡Y cómo le pega!...

試合のハーフタイムで巧みなリフティングを見せる将来有望な名手として紹介。
（1971年10月発行「Goles」より）

1971年には、当時視聴率50%を誇っていたテレビの人気番組「サバドス・シルクラーレス」にゲスト出演し、生放送でその卓越した足技を披露。いつまでもボールを落とさずにリフティングを続けたことから、CMに入るために司会者が止めなければならなかったという逸話も有名だ。

その一方、マラドーナは有名になればなるほど辛い体験を味わうようになった。相手チームの選手やサポーターから、貧民街の出身であることを嘲笑され、野次られたのである。ロドリゲスによるとその内容は「およそ小学生の子どもに投げかける言葉とは思えないほど低俗で酷いものだった」が、周囲の敵愾心が強まれば強まるほど、マラドーナは一層勇み立った。

「野次はピッチにいる俺たちの耳に全部届いていた。でもディエゴは野次られた分だけやり返していたから、まったく逆効果だった。そして結局、さっきまで罵声を飛ばしていた人たちがディエゴのプレーに拍手して試合終了になるというパターンでね。そのたびにディエゴはうつむいたまま、にやりと笑っていたよ」

アルヘンティノスのカテゴリア60は136試合無敗という記録を残したことで知られているが、ロドリゲスによると「無敗記録は151試合」だという。

「無敗を数えて150試合に達していた覚えがあるんだ。なにせ、あのメンバーで負けた記憶はほとんどないからね」

マラドーナと組んでゴールを量産したロドリゲスだったが、74年、ジュニアから下部組織に入る段階でアルヘンティノスを去った。フランシスは後に「ペルーサとクラウディオが一緒にアルヘンティノスのトップチームに上がっていたらふたり揃って大ブレイクしただろうに」と悔やんでいたが、ロドリゲスは父ペルフェクトの判断でチャカリータに移籍し、その後同クラブのトップチームでプレーしている。

ロス・セボジータスの誕生

El nacimiento de Los Cebollitas

もし私が本当にマラドーナの少年時代の映画を作ることになったら、迷うことなく1973年の「エビータ大会」をクライマックスに使うだろう。13歳のマラドーナが無敵のチームの一員として大活躍し、噂の天才児の存在が現実のものであったことが全国規模で証明された舞台であり、何よりもロス・セボジータス誕生のきっかけとなった歴史的なイベントだ。

マラドーナ自身も自伝の中でこの大会について懐かしそうに語っているが、その記述には事実と異なる部分もある。そんなトリビア的要素の発見も含め、マラドーナにとって非常に意味のある体験となったエビータ大会でのストーリーをじっくりと読んでいただきたい。

試合の描写はチームメンバーだったクラウディオ・ロドリゲスや、大会を取材、観戦した人の証言、及びフランシスの著書での記述をもとに再現する。

エビータ大会（正式名称はJuegos Nacionales Evita＝エビータ国民競技大会）とは、1949年、当時アルゼンチンの大統領だったファン・ドミンゴ・ペロンのアイデアによって生まれたスポーツ大会のことで、日本における国民体育大会（国体）のようなもの。「エビータ」は、その劇的な人生がミュージカルにもなった大統領夫人エバ・ペロンの愛称から来ている。青少年の心と身体の健康維持のほか、階級を問わず、貧しい家庭の子どもたちにも様々な種目のスポーツ参加を促すことを目的に、アルゼンチン全土で大々的に開催されている。

当初の競技種目はサッカーだけ（現在は23種目）だったが、1950年にはジュニア部門とユース部門を合わせて全国から15万人が参加。ペロンの失脚に伴って1955年から一旦中止となるも、1973年に大統領に復権すると同時に復活させ、国民は沸きに沸いた。

ジュニアサッカー界で旋風を巻き起こしていたアルヘンティノスのカテゴリア60を率いるフランシスも、全国規模の、しかも政府主催の大会に参加できる機会を逃すわけにはいかなかった。地区予選を勝ち抜いてから各州の覇者が集まる全国大会に出場するという難易度の高い大会だったが、自分の教え子たちなら優勝できると確信していた。

大会への参加登録がはじまった日、フランシスがドン・ホセと一緒に会場に向かうと、想像していた以上に大勢の人が集まっていた。町の小さなクラブから、小学校のチームの代表者たちまでが参加への意欲満々で登録に来ている。

フランシスとドン・ホセはしばらくの間、列に並ぶ周りの同業者たちの会話を黙って聞いていたが、そろそろ自分たちに参加登録書を提出する順番がまわってくるという時、突然フランシスはチームの名前を変えようと言い出した。他のチームには「お日さま」や「がらくた村」といった、まるで子どもたちの遊びの延長で作られたグループのような名前がつけられていたのだ。

フランシスは生前、これについて次のように話してくれた。

「これまで対戦したことのあるチームや、名前を聞いたことのあるチームも参加しているはずなのに、登録リストにそれらの名前はほとんど見当たらない。もしかしたら名前を変えているのでは、と勘づいたのです。だから私たちもそうするべきだと。アルヘンティノスの名前で参加するのは、あまりにもリスクが大き過ぎましたから」

すでに強豪として名を馳せていたチームが、もしそのまま「アルヘンティノス・ジュニオルス」として参加したらどうなるか。これまで、アルヘンティノスに勝つことだけに執着して挑んできたチームとは何度も対戦してきた。ゲームの内容より、驚異的な強さで無敗記録を更新していたチームに勝つためならやり方を厭わない指導者たちがいることを、フランシスはよく

1. Diego en su infancia

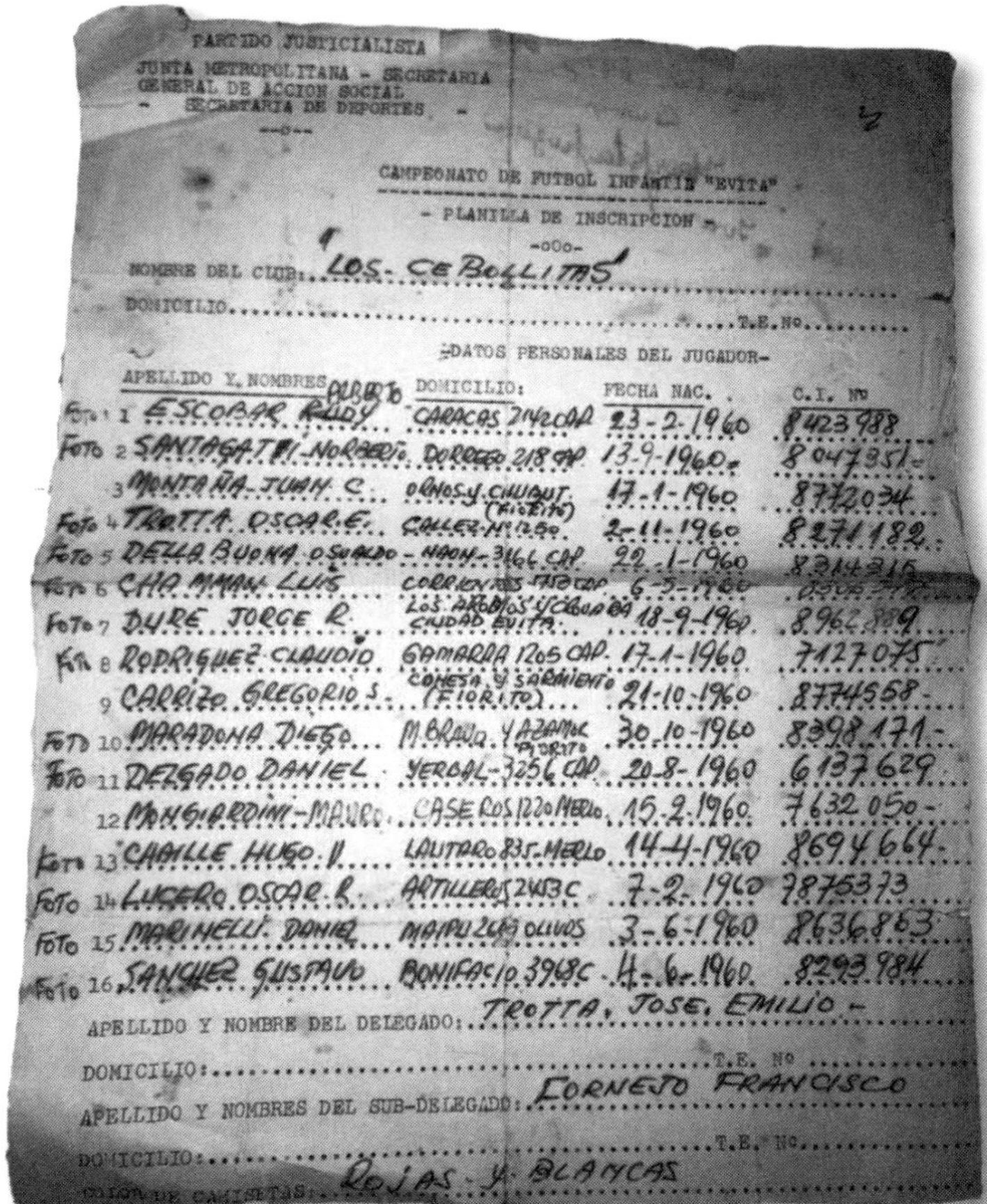

PARTIDO JUSTICIALISTA
JUNTA METROPOLITANA - SECRETARIA
GENERAL DE ACCION SOCIAL
- SECRETARIA DE DEPORTES -
--o--

CAMPEONATO DE FUTBOL INFANTIL "EVITA"
- PLANILLA DE INSCRIPCION -
-oOo-

NOMBRE DEL CLUB: LOS CEBOLLITAS
DOMICILIO .... T.E. No ....

-DATOS PERSONALES DEL JUGADOR-

	APELLIDO Y NOMBRES	DOMICILIO:	FECHA NAC.	C.I. Nº
Foto	1 ESCOBAR RUDY ALBERTO	CARACAS 742 CAP	23-2-1960	8423988
Foto	2 SANTAGATI NORBERTO	DORREGO 218 CAP	13-9-1960	8047351
	3 MONTAÑA JUAN C.	ORNOS Y CHUBUT (FIORITO)	17-1-1960	8772034
Foto	4 TROTTA OSCAR E.	CALLE 2 Nº 1250	2-11-1960	8271182
Foto	5 DELLA BUONA OSVALDO	[illegible] 3166 CAP	22-1-1960	[illegible]
Foto	6 [illegible] LUIS	CORRIENTES [illegible] CAP	6-5-1960	[illegible]
Foto	7 DURE JORGE R.	LOS AROMOS Y CÓRDOBA CIUDAD EVITA	18-9-1960	[illegible]
Foto	8 RODRIGUEZ CLAUDIO	GAMARRA 1205 CAP	17-1-1960	7127075
	9 CARRIZO GREGORIO S.	COMESA Y SARMIENTO (FIORITO)	21-10-1960	8774568
Foto	10 MARADONA DIEGO	M. BRAVO Y AZAMOR FIORITO	30-10-1960	8398171
Foto	11 DELGADO DANIEL	YERBAL 3256 CAP	20-8-1960	6137629
	12 MANGIARDINI MAURO	CASEROS 1220 MERLO	15-2-1960	7632050
Foto	13 CAILLE HUGO V.	LAUTARO 835 MERLO	14-4-1960	8694664
Foto	14 LUCERO OSCAR R.	ARTILLEROS 2403 C	7-2-1960	7875373
Foto	15 MARINELLI DANIEL	MAIPU [illegible] OLIVOS	3-6-1960	8636863
Foto	16 SANCHEZ GUSTAVO	BONIFACIO 3968 C	4-6-1960	8293984

APELLIDO Y NOMBRE DEL DELEGADO: TROTTA, JOSE, EMILIO -
DOMICILIO: .... T.E. Nº ....
APELLIDO Y NOMBRES DEL SUB-DELEGADO: CORNEJO FRANCISCO
DOMICILIO: .... T.E. Nº ....
COLOR DE CAMISETAS: ROJAS Y BLANCAS

エビータ大会のロス・セボジータスの登録メンバー。（提供:Claudio Rodriguez）

知っていたのである。

そこでふたりは、その場で新しいチーム名を考えた。ドン・ホセは「アルヘンティノスのチームカラーである赤に関係した名前はどうか」と提案したが、フランシスはアイデアを張り巡らせる中で選手たちのことを思い浮かべ、彼らにぴったりの名前を思いついた。

「うちの選手たちは、同年代の他の子どもたちよりもずっと小さい。とにかく小さいものをイメージさせるような名前がいい。『ロス・セボジータス』（小さな玉ねぎ）にしましょう」

「ミニトマト」でも「小さなじゃがいも」でもなく、なぜ玉ねぎになったのかは、以前フランシスに聞いても明確な答えは出て来なかった。フランシスと親しかったクラブ関係者の話によると、はっきりした答えも出しにくいほど「小粒で地味なもの」を連想させる言葉とのことで、無敵艦隊のイメージから遠ざける効果は抜群だった。

無事に登録を終えたフランシスは、会場に知り合いの指導者たちの顔を見つけた。案の定、多くのチームが名前を変えていたのだ。

それでも、ほとんどがチームカラーやユニフォームを連想させるものだった。例えばリーベルプレートの場合、彼らのユニフォームのデザインである「バンダ・ロハ」（赤い襷《たすき》）というチーム名で登録していたため、別名にした意味はほとんどない。

一方、フランシスが考案したネーミングからは「あの噂のアルヘンティノス」であることが試合前にばれずに済むだけでなく、思惑どおり小さくて弱そうな印象を与え、ライバルたちを油断させるのに最適だった。実際に、初戦の対戦相手は、組み合わせ抽選会で「小さな玉ねぎ」と聞いた時、自分たちの勝利を確信して大喜びしたほどだった。

モヌメンタルを沈黙に陥れたゴラッソ

El golazo que silenció al Monumental

こうして「ロス・セボジータス」となったアルヘンティノスのカテゴリア60のエビータ大会がはじまった。最初の難関は首都ブエノスアイレスにおける地区予選だ。

初戦は対戦相手が所有するグラウンドで行なわれた。ブエノスアイレス市内の高級住宅地にある学校のチームで、選手の保護者や教師たちが大勢応援に駆けつけ、ロス・セボジータスは完全アウェーの雰囲気の中でプレーすることになった。

試合がはじまるや否や、相手チームの応援団はロス・セボジータスに野次を飛ばし、特に一番身体が小さく巧いマラドーナは集中的に攻撃された。13歳の子どもに向かって、大人が「貧民街に帰れ！」「薄汚い小僧め！」などと叫ぶような光景は、残念ながらアルゼンチンのジュニアサッカー界ではよく見かけるもので、決して珍しくはない。

だがマラドーナも仲間たちも、そんな外野の声にはまったく動じなかった。自陣から細かいパスをつないで冷静なビルドアップを展開し、相手ゴール前で隙を見つけて前線のアタッカーたちが容赦なくシュートを打つ。いつもどおりのスタイルでゲームをコントロールし、あっという間に8－0と大差をつけていた。

そして、前半まではうるさかった相手チームの応援団がすっかり大人しくなり、なす術もなく意気消沈したライバルたちがタイムアップのホイッスルを待ちかねていたその時、マラドーナがその場にいたすべての人々を驚嘆させるプレーを見せた。相手陣内でパスをもらってから左足でボールをひょいと掬い上げて頭の上にのせ、そのまま右サイドから斜めに走りこんでエリア中央まで素早く移動したのだ。そしてゴール前でぴたりと止まると頭からボールをするりと左足元におろし、身体を反転させて強烈なシュートを打った。

相手のGKは呆気にとられ、まったく反応できなかった。シュートはポストにあたり、こぼれ球を11番の「ポルボリータ」（火薬小僧）ことダニエル・デルガードが押し込んでゴールが決まった瞬間、会場は拍手と大歓声に包まれた。妙技を次々と見せる「薄汚い小僧」を前にずっと押し黙るしかなかった相手チームの応援団もついに我慢できず、喝采を送った。

フランシスは生前、「ディエゴを嫌う人はあの子のことをよく知らないだけだ」と話してくれたことがある。ピッチの中でも外でも、一度でもマラドーナのことを知れば誰もが魅了される、と。

内気で無口だった少年時代のマラドーナにとって、サッカーは自分を表現する唯一の手段だった。ボールを使って遊んで見せるだけで人々を笑顔にし、罵声を拍手に変えることができた。マラドーナはそんな魔法を使って、行く先々で敵対心をあらわにする人々の心をつかんでいったのだ。

試合は結局、13－1でロス・セボジータスが圧勝した。


マラドーナを擁するチームは、その後も立ち向かう相手に大差をつけながら躍進を続け、ブエノスアイレス地区予選の決勝に進出した。

4年前からフランシスの指導のもとで一緒にプレーを続けてきた仲間たちは、ライバルたちとは比較にならないほど完成度の高いチームだった。そして、「小さな玉ねぎ軍団」が只者ではないこと、10番をつけたマラドーナという名の天才児がいることは大会関係者の間で瞬く間に広まり、早くも全国大会の優勝候補とまで言われるようになる。

しかし、ここまでは楽に勝ち続けてきたロス・セボジータスも、決勝では苦戦を強いられた。対戦相手はあのバンダ・ロハことリーベルプレートだ。

リーベルプレートは当時からエリートが集まる名門クラブとして知られ、ジュニア世代からレベルの高いメソッドでトレーニングを行ない、栄養面、心理面でのケアも徹底させ、技術的にも戦術的にも卓越していた。ロス・セボジータスと同じく圧勝しながら勝ち進んできた相手との戦いが、地区予選のファイナルに相応しいハイレベルなゲームになることは明らかだった。

この決戦を前に、フランシスは大会運営委員会に苦情を申し出ている。決勝戦の会場はリーベルの本拠地エスタディオ・モヌメンタルと決まっていたが、大会のルールによると決勝は中立会場で開催されることになっていた。地区予選優勝をかけた重要な一戦を、相手のホームで戦うことは不公平だと訴え、会場変更を要請したのだ。

だが大会運営委員会は、決勝に出場するチームがあくまでもバンダ・ロハであり「リーベルプレートではない」との見解を示し、大会規約に反するアウェーのスタジアムで行なわれることとなった。

試合当日、ロス・セボジータスの選手たちはいつになく緊張していた。モヌメンタルに向かう途中、いつものように歌を歌いながら士気を高めようとしていたが、歌声には元気がなく、黙ったままの子もいた。フランシスも自著の中で「あんなに弱気になった選手たちを見たのははじめてだった」と綴っているほど、マラドーナとその仲間たちは文字通り「小さな玉ねぎ」になってしまっていた。

当時のモヌメンタルは立ち見スペースを含めると8万人もの収容人数を誇っており、この日も多数のサポーターが観戦に駆けつけていた。ロス・セボジータスは場数を踏んでいたものの、巨大なスタジアムの雰囲気に動揺を隠せない。フランシスは、試合前のロッカールームでやや厳しい口調でこう言った。

「サポーターのことは気にしなくていい。君たちが対戦するのはピッチにいるライバルだけだ。それでももし自信がない、プレーしたくないと言うのなら他の選手と交代させるから、今ここで申し出なさい」

無敵と呼ばれたチームのメンバーとして、地区予選優勝トロフィーと全国大会出場権の懸かった試合に出場したくない者などひとりもいなかった。ロドリゲスが仲間たちに「一旦ピッチに入れば周りのことなんか気にならないさ」と言うと、その言葉に皆が頷いた。試合がはじまる頃には、それまで感じていた緊張もどこかに行ってしまった。

だが、ロス・セボジータスはいきなり大きな問題に直面した。マラドーナとロドリゲスが徹底的にマークされ、いつものように攻めることができなかったのだ。特にマラドーナにはマンマークが付きまとっていた上、パスコースを阻む選手が次々と現れ、常に2~3人に包囲されている。バンダ・ロハの監督は、決勝でロス・セボジータスと対戦することを想定して数試合前からスパイを送り込み、攻撃陣の動きを抑えこむための策を考案していたのだった。

それでも小さな玉ねぎたちは焦らず、地道にボールを回し続けた。間違っても自陣からトップの選手にロングパスを出すようなことはせず――「そんなことをしたらフランシスに殺されかねなかったからな」と言ってロドリゲスは笑う――相手の動きに警戒しながら隙を探した。やがてバンダ・ロハの守備陣の裏にボールが出るようになり、マラドーナがマークを外してそのスペースに飛び出す場面が見られるようになった。

バンダ・ロハは手強い相手だったが、マラドーナと仲間たちが一旦突破口を見出したら止める術はファウルしかなく、右サイドのゴールラインに近い位置でFKのチャンスを与えてしまい、彼らにとってはこれが致命的となった。キッカーがマラドーナだったからだ。

マラドーナはゴール前をちらりと見てから、センタリングを上げるように蹴った。仲間たちはそれに合わせて動いたが、ボールはニアポストの位置で急カーブし、ゴールに吸い込まれていった。

意表を突かれたのは相手のGKだけではなかった。仲間たちも、フランシスさえも、誰もその位置から直接ゴールを狙うとは思っていなかった。見事なゴールに、モヌメンタルは静まり返った。

このあと、しばらくはマラドーナの独壇場となった。再び同じ位置でFKを得ると、マラドーナは1点目とまったく同じシュートを決めて2－0とし、続いてロドリゲスとのゴール前での連携からゴールをあげてハットトリックを成し遂げた。

その後両チームともに1点ずつをマークして4－1となり、残り20分という時間帯に、ロス・セボジータスはGKマウロ・モンジアルディーニのミスから立て続けに2失点してしまう。ここから勢いに乗ったバンダ・ロハが追い込み、終盤に互いがもう1点ずつ追加するという激しい攻防が展開されたが、5－4となったところでタイムアップ。ロス・セボジータスが激戦を制したのだった。

ロドリゲスは地区予選での優勝の瞬間を思い出し、こう語った。

「主審が試合終了のホイッスルを吹いたあと、俺たちは全員マウロのもとに駆け寄った。あいつは泣いていたよ。ロス・セボジータスは強いチームだったが、何よりも俺たちを象徴していたのは仲間同士で結ばれた絆だった。もしあの試合で負けていても、みんなでマウロを抱き締めていたはずさ」

小さな玉ねぎたちはこうしてブエノスアイレス地区予選を通過し、コルドバ州エンバルセ市で開催される全国大会への切符を掴み取った。

ちなみに、この試合でマラドーナの才能に圧倒されたリーベルプレートは、その後関係者が

1. Diego en su infancia

El Monumental copado
Quedaron clasificados los finalistas metropolitanos de los Campeonatos E

ロス・セボジータスのエビータ大会地区予選優勝を伝える記事。トロフィーを抱える左がロドリゲス、右がマラドーナ。（提供:Claudio Rodriguez）

マラドーナの父ドン・ディエゴと直接コンタクトを取り、翌74年から同クラブの下部組織と契約をかわすための正式なオファーを提示した。アルヘンティノスでは支払われることのない特別手当も約束されたが、マラドーナは躊躇うことなく「フランシスのチームでプレーしたい」と言い、ドン・ディエゴも「フランシスを裏切ることはできない」という理由でリーベルからのオファーを断っている。

天才の脳

El cerebro de un genio

アルヘンティノス・ジュニオルスのジュニアチームでプレーしていたマラドーナの健康管理を担当したのは、ロベルト・パラディーノ医師だ。

国内外の一流アスリートたちのドクターを務めた経歴を持ち、そのなかにはガブリエラ・サバティーニ（元プロテニス選手）、「石の拳」ことロベルト・デュランやカルロス・モンソン（ともに元プロボクサー）といった世界的な著名人も含まれる。名医でありながら、貧しい地区で育つ多くの子どもたちを無料で診察してきた経歴を称えられ、２０１９年にブエノスアイレス市政府から功労賞を授与された。

そのパラディーノは、フランシスがいつもマラドーナのことを自慢げに話していたことをよく覚えている。

「フランシスはベテランの指導者で、特定の選手だけを褒めたり贔屓するようなことはなかったのですが、ディエゴを私のところに連れて来るたびに目を輝かせて『この子は天才なんだ』と興奮しながら話してくれました。あまりにしつこくてうるさいので、いつか試合を観に行くと約束していたのですが、仕事が忙しくなかなか現場に向かう機会がなくて」

8歳の頃から主治医として診察していながらマラドーナのプレーを観たことがなかったが、ロス・セボジータスがエビータ大会地区予選の決勝に進出したと知り、チームに帯同することにした。そして、はじめて観た試合で2本のゴラッソを見せられ、驚きと感動のあまり言葉を失ってしまったという。

「13歳の子どものプレーとは思えませんでした。ゴールライン際のフリーキックをコーナーキックのように蹴り、きれいな弧を描きながらゴール前に飛んで行ったボールが、ニアポスト付近で急に角度を変えてゴールに吸い込まれるように入って行ったんですよ。しかもあの子は、それを2回もやって見せた。あの冷静なフランシスが興奮する理由がやっとわかった瞬間でした」

以後、自他共に認めるマラドーナのファンとなり、時間を作っては観戦に行き、その魔法に酔ったパラディーノは、マラドーナの才能がサッカーだけに留まらなかったと主張する。

「人はよく彼の左足を称賛しますが、優れていたのは左足ではなく『脳』だったのです。その

1. Diego en su infancia

脳を使って、何をやっても完璧にこなしました。歌も踊りも巧く、状況を判断する能力も人並み外れていて、間違いなく天才の頭脳を持っていたと言えるでしょう。若かった頃のディエゴの脳を、もし現代の発達した技術で調べることができたら、とても興味深い結果が出たに違いありません」

「カピタルの10番を見たか?」

"¿Lo viste al 10 de Capital?"

1973年12月18日から5日間にわたってコルドバ州エンバルセ市で開催されたエビータ全国大会は、「マラドーナ伝説の起源」とも呼ばれている。アルゼンチン政府が主催した公式の大会で全国にその名を轟かすことは、それまでジュニアサッカーの親善試合やプロチームのハーフタイム・ショーで受けていた評価とはまったく異なる価値があったからだ。

だが残念なことに同大会の資料はほとんど残されておらず、正確性において最も頼りになるのは新聞記事だけというのが実態だ。そこで私は、現地で取材にあたった記者を探し、コンタクトを取ってみた。

隣接するリオ・テルセーロ市のラジオ局から同大会の取材に派遣されたホルへ・オマール・

ガリアーノは当時17歳。約20年ぶりに開催される大々的なスポーツイベントは国中から注目を集めていた上、コルドバ州では大会前からマラドーナについて「ブエノスアイレスからものすごい選手が来る」という噂が広まっていた。

「大会では、エンバルセはもちろん、各地から集まった人たちの間で『カピタル（首都ブエノスアイレスの意）の10番を見たか？』が合言葉のようになっていました。ブエノスアイレス代表のロス・セボジータスが１００試合以上もの無敗記録を更新中だったということだけでも話題性は十分だったのですが、そこで10番をつけていたマラドーナがすでにテレビの人気番組に出演していたこと、地区予選の決勝でハットトリックを決めたことについても知れ渡っていたので、私たちメディアにとって、ロス・セボジータスとマラドーナを見ることが大会の目的だったと言っても過言ではありませんでした」

ロス・セボジータスはここでも安定したプレーを披露し、初戦となった決勝トーナメント１回戦でチャコ州代表相手に５－０と圧勝したあと、続く準々決勝でもリオ・ネグロ州代表に４－１の勝利をおさめた。マラドーナはチャコ州代表との試合で１点を決めただけだったが、卓越したテクニックとパスで攻撃の軸となってチームを勝利に導き、観戦に訪れた人々を感嘆させた。ガリアーノもそのうちのひとりだ。

「プレーを見るまでは半信半疑だったのですが、実際に見た時に受けたインパクトは強烈でした。13歳には見えないほど小さくて細いのに、ゲームを操っていましたからね。ゴールをマークしていたのは主にロドリゲスとデルガードでしたが、マラドーナは彼ら以上に存在感を発揮していました。あの場にいた人たちは皆『評判以上の天才だ』と絶賛していましたよ。新聞やラジオでは間もなく『ペレの弟』という肩書きがつけられるようになったのですが、そんな呼び名もまったく違和感を与えないほど、マラドーナはあの頃からスター性を秘めていたと思います。現場で見ていた人たちの多くは、この時点でロス・セボジータスの優勝を確信していました」

「ペレの弟」の活躍によって順当に勝ち進んだフランシスのチームだったが、このあと誰も予想しなかった展開が待っていた。

"CEBOLLITAS" A LAS SEMIFINALES

EMBALSE RIO TERCERO, 20 (De nuestro enviado especial, Luis Hernández). — El equipo de fútbol infantil "Los Cebollitas", representante de Capital, se clasificó para las semifinales Campeonato "Evita" al ganarle a Río Negro por 4 a 1. En el conjunto porteño volvió a descollar Diego Maradona, a quien califican aquí como "el hermano menor de Pelé". Los goles del ganador fueron logrados por Claudio Rodríguez y Daniel Delgado, en dos oportunidades cada uno. El del perdedor, fue señalado por Martínez.

• ***Semifinalistas***

En **fútbol infantil** pasaron a esta instancia Tucumán, Santa Fe, Capital y Santiago del Estero. En **juvenil**, Santa Cruz, Catamarca, Entre Ríos y Corrientes. En **básquetbol juvenil femenino**, Corrientes, Santa Fe, Entre Ríos y Salta. En **básquetbol infantil masculino**, Corrientes, Santa Fe, Santiago del Estero y Entre Ríos y en **básquetbol juvenil masculino**, Santa Fe, San Luis, Entre Ríos y Santiago del Estero. La única categoría que ya tiene finalistas es la de **básquetbol infantil femenino**: son Entre Ríos y Corrientes y jugarán el sábado.

• ***Ajedrez***

Los punteros son los siguientes: en **infantil femenino**, Ferreti (Salta), Caro (Jujuy), Shope (Córdoba) y López (Corrientes) con 2 puntos. En **femenino juvenil**: Bonetti (Santa Fe), Zeman (Santiago del Estero), Skop (Río Negro) y Hinz (Entre Ríos) con 2 puntos. En **infantiles varones**, Zeballos (Córdoba) y Serbin (Capital) con 3 puntos. En **juveniles varones**, líder absoluto es Antonio Martínez (Santa Fe) con 3 puntos.

ロス・セボジータスのエビータ全国大会準決勝進出を伝える記事。マラドーナが「ペレの弟」と紹介されている。(提供:Marcos Villalobo)

ふたつの過ち

Dos errores

全国大会は5日間に連日試合が開催される強行日程だったが、ロス・セボジータスは組み合わせの都合上、トーナメント1回戦と準々決勝の間に1日だけフリーとなった。

会場となったのは、ホテルとサッカー場が併設された広大なレクリエーション施設。子どもたちにとっては、テーマパークに泊まっているのも同然だった。休みの日はロス・セボジータスの選手たちもプールで遊んだり、馬車に乗ってエンバルセの美しい自然を満喫しながら、ちょっとしたバカンスを楽しむことができた。

だが、あとになってフランシスは「それが最初の過ちだった」と猛反省することになる。

遊び疲れた翌日の準々決勝でも4－1と快勝したのを見て、フランシスは準決勝も同じ先発メンバーを起用する決断を下す。選手たちは自信に張り、勝利を確信して挑んだ。

準決勝の相手は、サンティアゴ・デル・エステーロ州代表のクルブ・アトレティコ・ソシアル・ピントというチームだった。人口3000人ほどの小さな町ピントからやって来た少年たちは、せっかく辿り着いた全国大会の舞台で、強豪ロス・セボジータスと対戦する巡り合わせをとにかく不運だと思った。

当時ピントでサイドバックを務めていたマリオ・ロマーノは、その時の気持ちを率直に語る。

「みんなカピタル（＝ロス・セボジータス）が勝つと思っていたんですよ。実は私たちもです。1試合で4〜5点は軽く取ってしまうチームでしたし、無敗記録を更新していたところで、何よりもペレの弟、マラドーナがいて、文字通り旋風を巻き起こしていましたから。勝ち進めばいずれは彼らと対戦することはわかっていましたが、実際に準決勝で当たるとわかった時は、ここで私たちの優勝の夢が消えたと思いました」

ポゼッション型のロス・セボジータスとは違い、ピントは堅固な守備から速攻を仕掛けるスタイルのチーム。俊足のロマーノは右サイドからの攻め上がりを任されていた。

「私たちの作戦は、相手にボールを持たせて疲れさせることでした。猛暑の中での試合だったので、暑さと疲れで集中力が鈍る瞬間を狙うつもりで挑みました」

それまでの試合は午前中に行なわれていたが、準決勝のキックオフの時間は午後3時。真夏の炎天下で気温が40度近くまで上がり、観客も日陰に避難するほど耐え難い暑さの中でのゲームとなった。

フランシスは、開始早々から嫌な予感を抱いた。選手たちの動きにいつもの切れ味が見られない。競り合いで簡単にボールを奪われる場面や、相手のサイドアタックを前に陣形を乱してしまうこともある。暑さに加え、前々日のバカンスモードによる油断のせいと考えた。「半日だけでもトレーニングをして気持ちを引き締めるべきだった」と思っていたところ、不安は的中した。ロマーノの速攻を慌てて止めたところでファウルをとられてしまい、FKからピントに先制点を許してしまったのである。

フランシスはそこで選手たちに集中を促し、なんとか1－1の同点に持ち込んで前半が終了。疲れの見えた選手を交代させて挑んだ後半、2点目を決めて逆転に成功したが、選手たちの動きは相変わらず鈍い。そして残り時間あと3分というところで再びロマーノの攻め上がりからFKのチャンスを与えて失点を許してしまい、2－2のままPK戦に持ち込まれることとなった。

PKを蹴る5人の中に自分が入っていないことを知っていたマラドーナは、どうしても蹴らせてほしいとフランシスに切願した。

何をやらせても巧くこなしたマラドーナだが、ＰＫはさほど得意ではない。ゴールネットを突き破るほど強烈なＰＫを蹴ることのできる選手は他にいる。わかりきったことだったが、フランシスは迷った。普段、自分の言うことを素直に聞き入れる物分かりのいいマラドーナが、どうしても蹴らせてほしいと引き下がらなかったのだ。

フランシスはその熱意に負け、マラドーナを３番目のキッカーとして送り込んだ。後にフランシスは、この時の決断を「ふたつ目の過ちだった」と言っている。

ＰＫ戦は３－１でピントが勝ち、ロス・セボジータスは準決勝で敗退が決まった。その瞬間、１３６試合とも、１５１試合とも言われたアルヘンティノスのカテゴリア60の無敗記録は、地方の小さな町のクラブによって、多くの目撃者の前で断たれた。

先行のピントが最初のキッカーを除く４人目までしっかり決めた一方、ロス・セボジータスはひとり目のデルガードが成功したあと、全員が失敗。２－１の状態で出番が回ってきたマラドーナの蹴ったＰＫは、ＧＫにあっさり弾かれてしまった。フランシスの教え子たちは全員がその場に崩れ落ちて涙を流したが、マラドーナは誰よりも激しく泣いていた。

取材にあたっていたガリアーノは、その時のマラドーナの様子を今も忘れることができない。

「試合の感想を聞くために近寄ったのですが、ずっと泣きじゃくっていて。とても話ができるような状態にはありませんでした。チームの仲間はもちろん、ピントの選手たちからも慰められていましたね。ピントのキャプテンだったセサル・ガネムから『泣くなよ、君はペレ以上の選手になるんだから』と言われて、ちょっと落ち着いたのか、黙って頷いていました。私はそこでやっとインタビューできたんですよ。敗戦でショックを受けていた上に、もともと無口であまりしゃべらない子だと聞いていたのですが、こちらの質問に礼儀正しく、きちんと答えてくれました。その時の声を録音したカセットテープがまだあるかって？　それが……翌日には決勝の取材で同じテープを使ったので、上書きして消してしまったんです。あれからたった3年後にプロとしてデビューするとわかっていたら、大切に取っておいたのですが。今でも職場の同僚や家族から『あれほど貴重なものを消すなんて！』と責められるんですよ」

チームは結局3位に終わったが、「天才児マラドーナ」の存在とともにその強さが全国に知れ渡り、本来はエビータ大会限定の呼び名だった「ロス・セボジータス」はその後、フランシスが率いたカテゴリア60の代名詞となった。

ところで、このピントとの準決勝についてはマラドーナ自身も自伝の中で少し触れているが、そこではちょっとした思い違いがある。試合が準決勝ではなく「決勝」だったことになっている他、ガネム少年からかけられた言葉についてはペレ云々ではなく「君は世界一の選手になる

1. Diego en su infancia

“EVITA”: UN VERDADERO CRISOL DE CAMPEONES

EMBALSE RIO TERCERO, Córdoba, 23 (De nuestro enviado especial, Luis Fernández). — Las competencias nacionales "Evita" y "Argentina Potencia" finalizaron hoy. Al acto de clausura asistieron el secretario de Deportes y Turismo, doctor Pedro Eladio Vásquez, el secretario de Coordinación y Promoción Social, señor Duilio Brunello, y el secretario de Vivienda y Urbanismo, ingeniero Juan Carlos Basile.

La ceremonia se inició con la ejecución del Himno Nacional Argentino, tras lo cual se procedió a entregar los premios a los ganadores y antes del cierre disertó sobre el significado de estos torneos el titular de Deportes, doctor Vásquez. El momento de la clausura llegó con el desfile de los aproximadamente 1.800 niños de todo el país y el coctel que se sirvió en una confitería ubicada en las inmediaciones de la unidad turística.

● Ganadores

Los dos certámenes tienen sus campeones en las distintas especialidades. En fútbol juvenil: Entre Ríos (le ganó en la final a Corrientes 3 a 1). En fútbol infantil: Santiago del Estero [illegible]

[illegible]

Genuino fútbol infantil. Santiago del Estero (campeón) y Capital (3ro.). (Foto de L. Zavattoro, enviado especial)

エビータ大会の記事。ドリブルしているのがマラドーナ。（提供:Marcos Villalobo）

んだから」と綴られている。

マラドーナがそう思っていたのも無理はない。フランシスでさえ、自著の中でピントとの試合を「決勝戦」としているうえ、試合結果は2－2ではなく1－1と書いている。その後全国大会で優勝したピントのロマーノも「決勝よりハードな試合だった」と話しているとおり、優勝決定戦に匹敵するような内容だったのだ。

また前述のとおり、当時の大会の記録で残されているのは地元の新聞の切り抜きしかなく、試合の映像もインタビューの音源もほとんど残されていない。「ペレ」と称されることが最高の賛辞だった頃、マラドーナが「ペレ以上の選手」と言われたのを「世界一の選手」と解釈し、そのまま記憶の中に残してあったのは十分理解できる。

これらについては、マラドーナの自伝での記述が広く知れ渡っているため、アルゼンチンでも間違えて記憶している人のほうが多い。あの大会をエンバルセで実際に観戦、または取材した人たちだけが「実はね……」と自慢げに語ることのできる、マラドーナ伝説の一部なのだ。

さて、このエビータ大会でのストーリーには3つの後日談がある。

ひとつ目は、この悔しい敗北から2か月後、ロス・セボジータスのメンバーがピントの地元に招待されたこと。そこで親善試合を行なってまた負けているのだが、1週間の滞在を経てピントのメンバーとはすっかり仲良くなり、その後も交流が続いた。

ふたつ目は、翌74年の大会でマラドーナを擁したロス・セボジータスが念願の全国優勝を遂げたこと。決勝のPK戦でマラドーナだけがまたしてもPKを失敗してしまったが、チームは前年のリベンジを果たすことに成功した。

この年、フランシスのチームはロス・セボジータスとしてエビータ大会で優勝し、アルヘンティノスの9軍としてAFAのリーグ戦を制覇。無敗記録を断たれた苦い体験を糧に、二冠を達成している。

「ここの土を持って帰ってもいいか？」

"¿Me puedo llevar la tierra de acá?"

さまざまなストーリーを生んだ１９７３年のエビータ大会。その後日談の３つ目は、涙の敗戦から40年と7か月後、53歳のマラドーナがひっそりと、思い出のピッチを訪ねていたことだ。これについて、現地で取材をしたコルドバ在住のジャーナリスト、マルコス・ビジャロボが詳細を語ってくれた。

２０１４年7月25日、リオ・テルセーロで開催されたチャリティマッチに出場したマラドーナは、試合が終わったあと突然「エビータ大会の会場に行きたい」と言い出した。そして、付き人を従えてエンバルセへ向けて車を走らせ、途中で道を尋ねながら会場となった施設に到着した。

施設の管理人を務めていたハビエル・フローレスが、突然真っ白のメルセデス・ベンツに乗って現れたマラドーナに驚いたのは言うまでもない。

「マラドーナはまず、目の前のピッチを見て『俺がプレーしたのはここじゃない』と言いました。よく覚えていましたよね。そこで私は、ロス・セボジータスがプレーした場所まで案内したんです」

あの時のピッチは現在、ラグビーの練習場になっている。マラドーナが辺りを見回しながら付き人たちと談笑していた間、フローレスはその様子を遠くから眺めていた。ロス・セボジータスの無敗記録が終わった伝説の地に戻って来たマラドーナが目の前にいることが信じられず、全身が震えたという。

しばらく経ってから、マラドーナはフローレスに「ここの土を少し持って帰ってもいいだろうか?」と訊いた。フローレスが快く承諾し、土と芝を袋に入れて渡すと、マラドーナは感謝の言葉を述べながらフローレスをがっちり抱き締め、再びベンツに乗り込んで去って行ったそうだ。

エンバルセでの屈辱の敗戦から2年10か月後、マラドーナはアルヘンティノスのトップチームでプロデビューを果たした。その時から知名度は世界に向けて一気に広がり、華々しくも波乱に満ちたキャリアがはじまった。

お忍びでエビータ大会の会場を訪れた時、マラドーナは「ロス・セボジータスのペルーサ」に戻ることができた。懐かしいピッチに立ちながら、彼の頭の中にどんな思いが過ぎったのかは知る由もない。だが、マラドーナがロス・セボジータスの仲間たちと一緒に全国優勝を懸けて戦った真夏の数日間の思い出は、大量の涙を流した大地に今もしっかりと焼き付けられている。

「裏切り者」に盗まれた神童

Un niño prodigio robado por un "traidor"

アルゼンチン全土で神童としてすでに話題になっていたマラドーナがアルヘンティノスのトップチームでデビューしたのは1976年10月20日。当時カンペオナート・ナシオナル（アルゼンチン1部リーグ）で低迷していたチームを救うべく、フアン・カルロス・モンテス監督が下部組織でプレーしていたマラドーナの才能を見込んで1軍に引き上げ、チームが必要とするすべての要素を秘めていることを最初のトレーニングで確信。その後、超攻撃的サッカーで圧倒的な強さを誇っていたタジェレス・デ・コルドバとの重要な一戦で初起用するという大胆な決断を下している。

ユースの選手が1軍に引き上げられる場合、各カテゴリーの指導者間で共有される情報に基づくのが通常だが、モンテス監督にマラドーナを薦めたのはアルヘンティノスでキャプテンを務めていたリカルド・ペジェラーノだった。

ペジェラーノは取材嫌いとして知られているが、私が「どうしてもデビュー当事のマラドーナについて話を聞きたい」と申し入れると、「ディエゴのことなら特別だ」と快く応じてくれた。

「もともとユース世代の育成に興味があって、機会があるごとに下部組織の活動を見ていたことからフランシスとは友達だった。だからカテゴリア60にとんでもなく巧い子がいることはずいぶん前から知っていたんだ」

将来有望なセンターバックとして19歳で名門リーベルプレートでプロデビューしていたペジェラーノは当時26歳。リーベルで名手と謳われたノルベルト・アロンソのプレーをはじめて間近で見た時に痛く感銘を受けたが、「ディエゴはアロンソを遥かに超える天才だった」と語る。

「エリート揃いのリーベルで一流選手たちのプレーを見慣れていた自分が、まさか15歳の少年の才能に驚くことになるとは思いもしなかった。ボールと一体化していて、離れていてもコントロールしているかのように足に吸い付ける。真上に高く蹴り上げたボールを、足や頭の上にストンと落とすようなことを何度も繰り返すんだ。まるで手品を見ているかのようだった。あれは曲芸師の域だったな」

そこでペジェラーノはある日、マラドーナを1軍でトレーニングさせてはどうかとモンテス監督に持ちかけたが、監督は疑い深い表情を見せた。

「フランシスコ・コルネーホのチームの選手というと、まだ子どもじゃないのか。いったいいくつなんだ?」

「15歳だが、あれほど優れた能力を持った選手は大人でも滅多にいない。あの子が入ればチームは一変する」

モンテス監督は疑問を抱きながらも信頼するペジェラーノの忠告を聞き入れ、マラドーナをまず5軍(満18歳のカテゴリー)で試してから1軍のトレーニングに参加させることにした。そして、初日に行なわれたゲーム練習でマーカー4人を抜くドリブル突破をやってのけた「子ども」は、たちまちフィールドプレーヤーたちにとって脅威と化す。

「レギュラーの座を脅かす逸材であることは明らかだった。ディエゴのプレーを見て呆気にとられるチームメイトたちに言ってやったよ。この子は攻撃的MFだが試合の展開によっては守備陣が交代させられる可能性も十分ある、安心していられるのはGKだけだとね。我々にとってはそれくらい決定的な存在だった」

粒揃いの世代だったカテゴリア60の中でも際立っていたマラドーナについてはクラブの役員たちもすでに知っていたが、いきなり1軍に引き抜かれたことには誰もが懐疑的だった。未成年の起用を推したことでもはや責任者の立場に置かされたペジェラーノは毎日のように役員たちにつかまえられ、「本当に1軍でプレーできると思うか」と執拗に聞かれたという。

「彼らはディエゴにプロとしての経験がないことを危惧していたんだ。経験ってのはプレーしながら得ていくものだと答えてやった。前シーズンに2部降格を逃れたばかりだった我々はその後も苦戦を強いられるばかりで、クラブは深刻な財政難に苦しんでいたから補強する余裕もない。ディエゴはそんな状況を変えることのできる唯一の希望だった」

何とかしてモンテス監督とクラブ役員を納得させたペジェラーノだったが、ここで思わぬ人から猛反対を受けた。フランシスだ。

「フランシスはディエゴをプロとしてデビューさせるのはまだ早いと考えていて、1軍のトレーニングに連れて行かれたあと、私を見るなり『裏切り者!』と叫んだ。無理もない。彼にとってディエゴは自慢の息子も同然で、あの子が8歳の時から手塩にかけて育ててきたのだからね」

マラドーナをトップに引き抜かれたフランシスのショックはペジェラーノが想像していたよりもはるかに大きく、後年「ディエゴはあの時、私の手元から盗まれた」と語っている。

フランシスは、裏切り者の友人の目を見つめ、肩をしっかりつかんで言った。

「あの子はこのまま行けば世界的なスターになるだろう。とても聡明で純粋で、まだ世間の恐ろしさを知らない。だからいつも傍にいて、大切にしてやってくれ」

キャプテンは誓った。「安心してください、私がしっかり守りますから」

その言葉のとおり、ペジェラーノはアルヘンティノスにマラドーナが在籍していた期間中、ピッチ内外で後輩を守り、兄のような存在となった。

「ディエゴはとても謙虚で、チーム内で反抗的だったことなど一度もない。良きチームメイトだったし、皆から可愛がられていた。ずいぶんあとになってから、私が彼にとってキャプテンの模範だったことを知った。もともとリーダー格ではあったが、私が納得のいかないジャッジについて主審と話をしたり、報酬をめぐってクラブ側と争う姿を傍で見ながら、あの子はキャプテンとしての闘い方を覚えていったのかもしれないな」

1. Diego en su infancia

1976年、16歳。プロデビューまもないころ。アルヘンティノスのスタジアムにて。(Photo by Ricardo Alfieri)

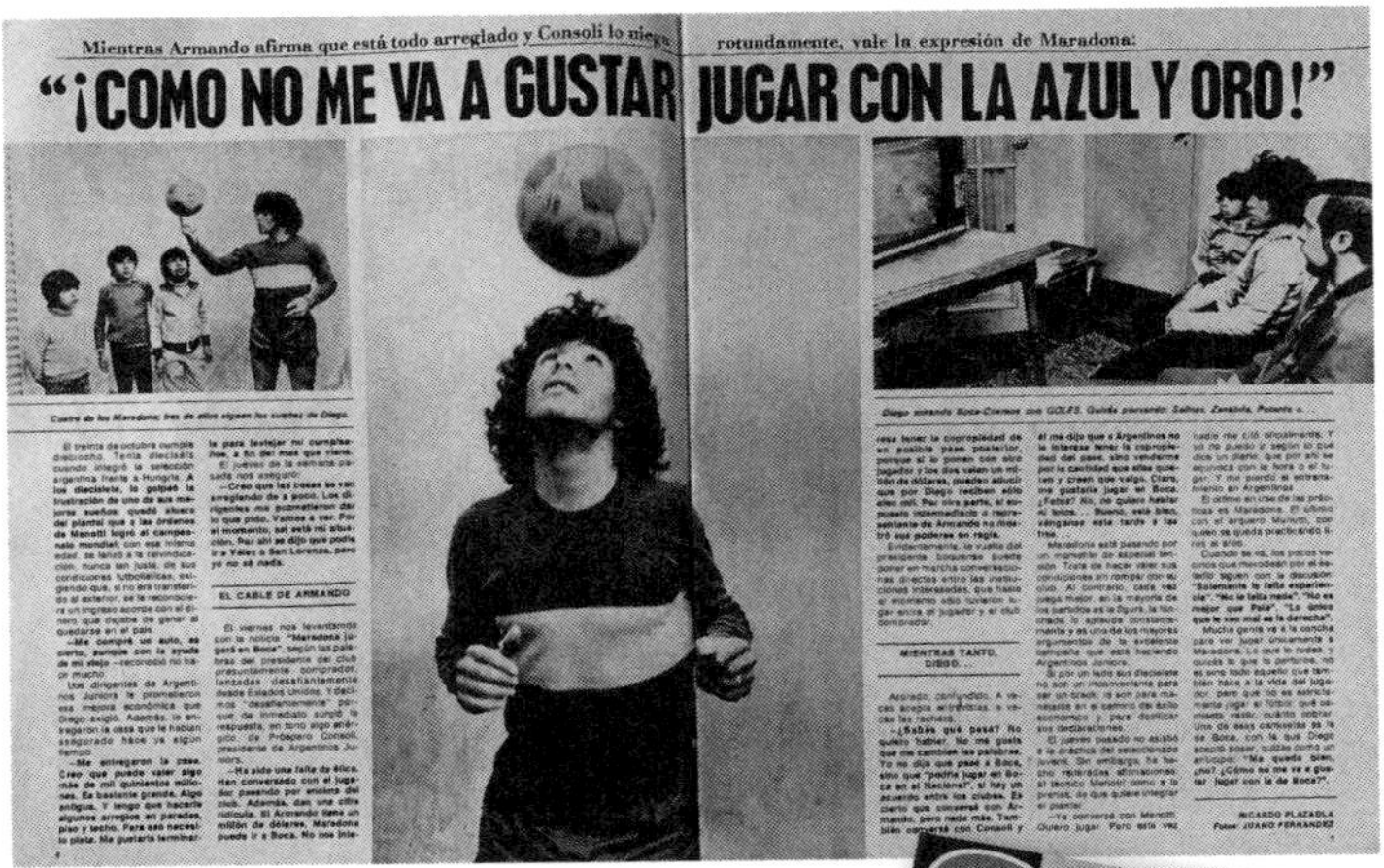

Mientras Armando afirma que está todo arreglado y Consoli lo niega rotundamente, vale la expresión de Maradona:

"¡COMO NO ME VA A GUSTAR JUGAR CON LA AZUL Y ORO!"

アルヘンティノス在籍中（17歳）、
ボカ移籍の噂が立った時の記事。
（1978年9月発行「Goles」より）

Buscando a Diego

第2部

みんなのディエゴ

El Diego de la gente

アルヘンティノスの本拠地「エスタディオ・ディエゴ・アルマンド・マラドーナ」周辺。

ディエゴは誰のもの？

¿De quién es el Diego?

アルゼンチンで『マラドーナ自伝』が出版された時、こんなことがあった。

この本の原題はもともと、本人のアイデアから「Yo soy EL DIEGO de la gente」（俺はみんなのディエゴだ）と決まっていた。ところが、製本の過程で手違いがあったのか、初刷の表紙からは「de la gente」（人々の＝みんなの）が省かれ、ただの「Yo soy EL DIEGO」（俺がディエゴだ）となってしまっていたのだ。

「みんなの」があるのとないのとでは、意味がまったく逆になってしまう。あくまでも「みん

アルゼンチンで発行された自伝の表紙。左が初版。（提供:Daniel Arcucci）

なのディエゴ」であることを前提に半生を語り下し、それを伝えるべく思いついたタイトルだったのに、「俺がディエゴだ」では自分が毛嫌いする権力者の横柄な態度とまったく変わらない。刷り上った初版を渡されたマラドーナはすぐそれに気づいて激怒し、即刻表紙のデザインを変えて刷り直すように命令したのだそうだ。

マラドーナは、いつも自分が「みんなのため」であることにこだわった。それは天性のもので、誰かに促されたからでも、「何かいいことをしなければ」という義務感からでもない。

実際、彼自身も自分のそんな性分について、このように語っている。

「俺は両手を挙げている奴を見るとぶん殴りたくなる。でも両手が下がっている人を見たら助けてあげたくなるんだ」

偉そうな強者には歯向かうが、打ちのめされた弱者には助けの手を差し伸べる。そして、フランシスのもとでサッカーをはじめた8歳の頃から、ボールを使って人々を助け、幸せにすることへの喜びを見出し、そこに生き甲斐を感じていたのである。

ここからは、マラドーナのそんな一面に触れ、何らかの形で人生に大きな影響を受けた一般の人たちのストーリーを読んでいただきたい。

1枚の写真

Una fotografía

「友達が困っていたり悲しんでいたりしたら飛んで行って、ずっと傍に寄り添っていました。そのせいでフィオリートに帰る時間が遅くなって、家まで送ってあげたことも何度もありましたよ」

恩師フランシスは、マラドーナの優しさを昔から知っていたひとりである。伝説のエビータ大会でも、そんな一面がよくわかる出来事があった。大会で撮影された「1枚の写真」にまつわるストーリーだ。

それは同大会で残されている数少ない貴重な資料の一部でもある写真で、ロス・セボジータスのユニフォームを着た13歳のマラドーナが泣いているひとりの青年を慰めているところを写したもの。マラドーナが手に丸めたジャージを持っていることから、おそらく3位決定戦で勝

1973年のエビータ全国大会決勝で敗れたパチェコを慰めるマラドーナ（左）。
(Photo by Torneos y Competencias / Revista El Gráfico)

利をおさめたあとの様子と思われる。

この写真が撮影された時の状況について、マラドーナ自身は次のように説明している。

「その子はコリエンテスのチームでプレーしていたアルベルト・パチェコで、ユースの部の決勝でエントレ・リオスに負けた時の出来事だった。親父さんが気のいい典型的なコリエンテスの人でね、毎試合応援に駆けつけていたから、僕たちもすごく仲良くなったんだ」(『マラドーナ自伝』より)

敗戦にすすり泣くパチェコ(当時16歳)のなんとも言えない表情と、自分より年上の青年の顔に手を添えて労わる少年の様子がとても印象的で、報道写真コンテストで入賞してもおかしくないほど心に訴えるものがある1枚だ。マラドーナも、この前日に自分も準決勝で敗れた悔しさを味わっていたからこそ、パチェコの涙に心を打ち砕かれる思いだったに違いない。

この写真は「エビータ大会でのマラドーナ」として検索するだけでヒットするほど有名だが、「アルベルト・パチェコという青年とマラドーナの心温まるワンシーン」に終わってしまっていて、それ以上掘り下げられることも、改めて脚光を浴びることもなかった。あれから間もなくはじまったマラドーナのキャリアが刺激的過ぎたのだから仕方がない、と言われればそうかもしれない。

そこで私は、パチェコの連絡先を調べてみた。コンタクトが取れれば、情報の少ないエビータ大会の話も聞けるだろうと思ったのだが、残念なことに彼は数年ほど前に自らの命を絶ったという。だが彼の家族の証言から、パチェコを思いやるマラドーナの気持ちが、あの時だけの一時的なもので終わってはいなかったことがわかった。

「私たちはあれからしばらくして、一家全員でマラドーナの家に招待されたんですよ」

アルベルト・パチェコの弟アントニオの声色からは、その体験がいかに思い出深いものであったかが感じ取られる。

マラドーナの父ドン・ディエゴはコリエンテス州の出身。息子を応援するためエビータ大会に出向いた際、自分の故郷から参加していたチームの試合にも足を運び、そこでパチェコの父と知り合って意気投合した。

「ドン・ディエゴは決勝にも応援に来てくれました。コリエンテス州選抜はPK戦で負けたのですが、兄は泣き止まなくて。そこへマラドーナが来て、座り込んでいた兄の肩を持って立ち上がるのを手伝い、そのまま準優勝のメダルをもらうために表彰台まで一緒に歩いてくれたんです」

それから2年と10か月後、アルヘンティノスでデビューし、フィオリートからブエノスアイレス市内に引っ越してから間もなく、マラドーナはパチェコ一家を自宅に招待した。

「私たちが行ったのは、アルヘンティノスがマラドーナのために借りた家でした。私がラロとウーゴ（マラドーナの弟たち）と一緒にボールを蹴って遊んでいた間、マラドーナがずっと兄と話をしていたのを覚えています。その頃私はまだ9歳だったので、何を話していたのかは全然気にならなかったのですが、あとになってからマラドーナが兄に『ブエノスアイレスのクラブで試してはどうか』と誘っていたことを知ったんです」

パチェコは当時地元のリプトンFCというクラブに所属し、コリエンテス州リーグでプレーしていたが、マラドーナからアルゼンチン1部リーグのクラブで挑戦することを勧められた。

「マラドーナの紹介から、兄はしばらくアルヘンティノスのレセルバ（3軍）のトレーニングに参加させてもらっていました。そのあとリーベルプレートとボカ・ジュニオルスのセレクションにも行ったのですが、残念ながら入団はなりませんでした。いい選手だったんですけどね。コリエンテス州リーグでは毎週活躍していたのですが……」

だがパチェコは次第に伸び悩み、試合に出場する機会が減って行く。と同時に、私生活でも問題を抱えるようになり、酒に溺れ、若くしてサッカー選手としてのキャリアを放棄してしまった。

「その間も、マラドーナは頻繁に電話をかけてきました。兄も最初のうちは応じていたのですが、そのうち電話があっても出なくなってしまって。きっと恥ずかしかったんでしょう。何度もブエノスアイレスに来いと誘われたのに、絶対に行こうとしませんでした。やがて電話の数は減ってしまい、音信不通になってしまったんです。プロになったと思ったら翌年にはアルゼンチン代表チームでデビューして、あっという間にアルヘンティノスからボカに移籍して、完全にスターでしたからね。兄のことなど、もう忘れたと思っていましたよ」

サッカー界を越えたセレブリティとしてスターダムにのし上がっていたマラドーナだったが、友を見捨てたりはしなかった。84年7月には、パチェコを自分と一緒にナポリに連れて行くために、付き人をコリエンテスまで派遣したのだ。

「マラドーナは兄がサッカーを諦めて、何に対してもやる気を起こしていないことを知っていたんです。そこでナポリに連れて行って、新しい土地の空気を吸わせようとしたのでしょう。でも兄は『ディエゴに迷惑はかけられない、行きたくない』と言い張って、頑なに拒否しました。マラドーナの付き人はコリエンテスまで2度も来てくれたのですが、最初はベッドの下に隠れて、2度目は行き先も告げずにどこかに行ってしまって……。人は不思議に思うでしょうね。せっかくマラドーナから何度も手を差し伸べてもらったのに、なぜ素直に受け入れなかったのか、と」

その後、パチェコは亡くなった。それほど思い悩んでいた友を助けてやれなかったマラドーナはさぞ無念だったことだろう。

アントニオは自分の長男に、マラドーナにちなんで「ジョナタン・ディエゴ・アルマンド」と命名している。マラドーナはアントニオから「息子の名付け親になってほしい」と頼まれると快く応じたというが、スケジュールの都合から洗礼式に出席できず、実現はしなかった。

「あれほどのスターになりながら、マラドーナがコリエンテスの田舎に住んでいる私たちをいつも気にかけてくれていたことには心から感謝して、そして誇りに思っています」

金網越しのヒーロー

El héroe visto a través del alambrado

アルヘンティノス・ジュニオルスのホームタウンであるラ・パテルナル地区でマラドーナ関連の取材をしていると、「私はマラドーナのデビュー戦をスタジアムで観た」という人がたくさんいることに気づく。同時に「その半分は嘘だから信じないほうがいい」と親切に忠告してくれる人もいて面白い。これについてはマラドーナ自身もよく「俺のデビュー戦を観た人が本当にそんなにいたんだったらアルヘンティノスのスタジアムでは小さ過ぎたから、会場をマラカナンに移さないといけなかっただろうな」と冗談を言っていたことを思い出した。

しかも約45年も前のことなので、実際に観たという人たちに出会って話を聞いても、その記憶には怪しい部分が多々ある。同じことについて話してくれているはずなのに、人によって内容が微妙に異なるのだ。

例えば、マラドーナが最初に触ったボールで股抜きをしたことについて。デビュー戦で交代出場するなり股抜きを披露した事実は有名だが、ではそれをどの位置で、どんな角度からどのようにやってのけたのかという詳細については、一緒にピッチに立っていたチームメイトの間でも証言が異なる。全員が一致するのは「ディエゴの股抜きを見るなりアルヘンティノスのモンテス監督まで驚嘆して両手で頭を抱えた」という部分だけだ。

デビュー当時からアルヘンティノスでのマラドーナを観てきたという何人もの人を訪ねたなか、最も印象的で心に響く話をしてくれた人は、デビュー戦も観ていなければ、ピッチの外でマラドーナに会ったこともない人だった。約4年間、アルヘンティノス時代のマラドーナを至近距離から肉眼でたっぷりと満喫したという、羨ましい経験の持ち主だ。

1976年はアルゼンチンの歴史における「暗黒の年」として知られる。3月に起きたクーデターを機に軍が政権を握り、その後およそ7年半にわたって反政府派、またはそれに関わる者を片っ端から拉致して拷問するという恐ろしい時代のはじまりとなったからだ。

「でも、たったひとつだけいいことがあった。マラドーナがプロデビューしたことさ」

そう語るのは、ディエゴ・デシレーロ。私と同じ1968年生まれで、4歳の時から父や伯父に連れられてスタジアムに通い、マラドーナがプレーしたホームゲームは「デビュー戦以外は全部観た」という筋金入りのアルヘンティノス・サポーターである。

「はじめて見たのはハーフタイムショーに登場した時だった。もちろんその時は名前も知らなかったし、私はまだ4歳だったので、マラドーナのリフティングのことを鮮明に覚えているわけでもない。でも、あの時の観衆の反応が普通じゃなかったことは確かだ」

トイレやカフェテリアに行く人が席を外すハーフタイムはスタンドも疎《まば》らになるものだが、その時はリフティングの巧い少年を観ようと大勢がピッチ付近に集まってきた。マラドーナがボールを操って妙技を見せはじめると、いつも金網にしがみついて観ていたデシレーロは瞬く間に大勢に包囲されてしまい、同伴していた伯父に肩車をしてもらわなければいけなかった。

その後アルヘンティノスは徐々に低迷期に入り、スタンドのサポーターたちが選手や監督に野次を飛ばすようになると、幼かったデシレーロの耳にも「ディエゴ・マラドーナ」という名前が届くようになる。

「なかなか点が入らないと、サポーターがベンチの監督に向かって『ディエゴを入れろ！』と叫ぶのが恒例になった。ディエゴが誰なのか知らなかった私も一緒になって叫んだよ。この不甲斐ないチームを救えるのは『ディエゴ』しかいないっていう空気が蔓延していたんだ」

まだ15歳のマラドーナに、チームの運命が懸かっていた。ちょうど8軍（満15歳のカテゴリー）から一気に5軍（満18歳のカテゴリー）に飛び級し、フランシスがキャプテンのペジェラーノを「裏切り者」と呼んだ頃だ。マラドーナと一緒に、フランシス率いるロス・セボジータスのメンバーからはダニエル・デルガードとアベラルド・カラベリも5軍に引き上げられていたが、最初から1軍入りを前提に飛び級したのはマラドーナだけだった。

そして、電撃のデビューの日が訪れる。マラドーナが出場するかもしれないという噂が試合の数日前から流れはじめ、さらにリーグ戦で首位を走っていた絶好調のタジェレスとの対戦とあり、8歳だったデシレーロは観戦を楽しみにしていた。だがその日は平日だったため、父も伯父も仕事を休めず、スタジアムに行くことはできなかった。

「あの時は確かにちょっと悔しい思いをしたけれど、そのあとマラドーナがホームでプレーした試合は全部観たから、デビュー戦を見逃したことについては何とも思っていない。4年間も、毎週毎週、手の届くような距離でマラドーナを見ていたのだからね。しかも、彼のキャリアにおける最高のマラドーナを」

デシレーロがアルヘンティノス時代のマラドーナを「キャリアにおける最高」と呼ぶのには確固たる理由がある。マラドーナが5ステージ連続してリーグ戦の得点王となったことだ。しかも重要なポイントは、それを自分以外スター選手がいないアルヘンティノス・ジュニオルスという中堅クラブで成し遂げたことだと言い切る。

「ナポリのサポーターたちはきっと、史上初のスクデットをもたらしたナポリのマラドーナが一番だったと思っているだろう。でも、アルヘンティノスで10代のマラドーナがたったひとりでやってのけたこととはまったく比較にならない。デビューした次のシーズンでは16歳でチームを背負い、得点のチャンスを作りまくって77年のメトロポリターノ（前期リーグ）で無名のチームメイトをリーグ戦のトップスコアラーにした。降格の危機にあったチームを、3年後にはリーグ戦準優勝という過去最高の成績まで引っ張り上げたんだからね。しかもその時は、世界チャンピオンとなったアルゼンチン代表の主力メンバーを擁するリーベルプレートとリーグ優勝を争った。小さなクラブである私たちがリーベルのようなビッグクラブをじりじり追い込んで脅かしたシーズンは最高だったよ」

80年のメトロポリターノでエスタディオ・モヌメンタルにて行なわれたリーベルとの一戦は、デシレーロが選ぶ「アルヘンティノスでのマラドーナのベストゲーム」だ。当初はホームでしか生観戦することのなかったデシレーロだったが、マラドーナがデビューしてからはアウェーゲームにも可能な限り足を運ぶようになり、この時もモヌメンタルでの歴史的快挙を目撃している。

「マラドーナの2ゴールでアルヘンティノスが勝った試合だ。リーベルのGKはアルゼンチン代表のウバルド・フィリョルで、彼はマラドーナが蹴ったPKを止めるんだけど、マラドーナはそのあとFKから30メートルのロングシュートを決めたんだ。すごいゴールが決まった感激とモヌメンタルが静まり返った瞬間の感触は今も忘れない」

世界のサッカーファンの眼前で見せたものと同じような――もしくはそれらを上回る――スーパープレーのレパートリーを当時から次々と披露していたが、デシレーロはまったく同じプレーを見たことはないと言い切る。

「毎試合、今日はどんなプレーを見せてくれるんだろうとワクワクしながら観に行って、期待を裏切られた記憶がない。チームが負けても、マラドーナがゴールを決めなくてもだ。彼の動きそのものが魔法だった。重心を低くして、障害物の間をすり抜けながら地面を這うように素早く動く。まるでボールを持った蛇のようにね。そして、あの頃からリーダーシップを発揮していた。泥まみれになりながら、仲間に指示を出してチームを指揮る姿はどんなスーパーヒーローよりもかっこよかった。私は金網越しにいつもそんなマラドーナを見ていたんだ。他のクラブのサポーターたちもマラドーナを見るために大勢来ていたよ。何かすごいもの、普通ではないものを見ているという興奮をよそのサポーターと共有するなんて、クラブ間のライバル意識が異様なほど強いアルゼンチンでは起こりえないことだ。チームメイトたちがボーナスをもらえるように、怪我をしていながら親善試合に出場したこともあったんだよ。その頃からマラドーナは、不可能を可能にする英雄だった」

だが、そんな憧れのヒーローは81年2月、ボカ・ジュニオルスに移籍してしまう。デシレー

1979年、18歳。アルヘンティノスのスタジアムで行なわれた対ベレス戦にて。(Photo by Ricardo Alfieri)

ロはその時「ボールを取られてしまったような気持ちになった」と語る。

「不思議なことに、怒りは感じなかった。私がマラドーナに対して怒ったのは一度だけ、93年にニューウェルス・オールド・ボーイズに入団した時だ。アルヘンティノスに復帰する方向で話が進んでいたはずだったのに、その当時のクラブ役員の何かが気に入らなかったらしくて。夜中の速報でニューウェルス入りが決まったと知った時、私は生まれてはじめてマラドーナに対して悪態をついた。見捨てられた、裏切られたとね。アルヘンティノスのサポーターの大半が同じ気持ちだった。でも幸いなことに、そんな気持ちは長続きしなかったんだ」

翌94年のワールドカップでドーピング陽性反応から大会追放処分となったマラドーナに、アルゼンチン国民は心を打たれる。一度はどん底に堕ちながらも這い上がって来た英雄の復活を祝福し、再び世界チャンピオンの座に君臨するサクセスストーリーの実現を待ち望んでいたからだ。

「権力（FIFA国際サッカー連盟）の前に屈しなければならなかったマラドーナの悔しさを、まるで自分のことのように感じた。いったい何があったのか、それは彼にしかわからない。でもあの時は私も、いや多くのアルゼンチン人が同じように足を切られてしまった。よくマラドーナ・イコール・サッカーと言われるが、私たちにとってのマラドーナは『イコール・アルゼンチン人』なんだ。何度も苦境から立ち上がってきたアルゼンチン国民そのものを象徴しているんだよ。権力者が牛耳るサッカー界でもいつも選手側の立場に立ち、リーダーとして戦ってきたマラドーナは私たちアルゼンチン人の誇りだ」

私に話をしてくれている間、デシレーロは何度も感極まり、泣き出しそうになるのを堪える。

一般的に「アルゼンチンでのマラドーナはボカで開花した」というイメージがあるが、実際はそうではなく、無冠ではあったが167試合に出場して115ゴールを決めたアルヘンティノス時代の4年間こそ、明るい将来を約束する目映《まばゆ》いものであったことがわかった。

デシレーロの思い出の中には、アルヘンティノスの赤いユニフォームを着て、泥だらけになりながらボールを自在に操るマラドーナが今も生きているという。

「私にとってのマラドーナは、もう二度と見ることのない流れ星。その輝きをこの目でしっかり見ることができただけで、自分は本当に幸運だったと思っている」

スタジアム修復時に記念品として販売されたスタンドの立見席の板を手にしたデシレーロ。(提供:Diego Desirello)

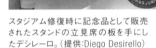

ラスカーノ通り2257番地の思い出

Un recuerdo de la calle Lascano 2257

アルヘンティノス時代から天才プレーヤーとして国内外で名声を轟かせていたマラドーナ。79年に日本で開催されたワールドユース優勝を果たした頃には、どこに行っても群集に囲まれ、プライバシーを保つことが日に日に難しくなっていった。

それでもできる限り、ピッチの内外で人々の期待に応え、喜ばせてあげたい――そんな心優しさから、突然自宅に押しかけてきた少年たちを招き入れたこともあった。

1979年9月、アルヘンティノスの大ファンだった少年ハビエル・ルカチェルは学校の宿題で「ご近所レポート」という課題を出された。3人1組になって近所の人たちにインタビューをするというもので、クラスメイトたちは行きつけの八百屋のおじさんやアパートの管理人など、顔見知りの隣人を取材対象に選んだ。

だがハビエルは違った。大好きなマラドーナにインタビューをすることに決めたのだ。ハードルが高いことはわかっていたが、だからこそやりがいがあった。

「まずはリサーチからはじめた。クラブの関係者から1軍の練習が何曜日の何時に行なわれるかを聞いて、ディエゴが確実に家にいる時を前もって知っておく必要があった。ちょうど兵役中だったから、その時間帯も調べたよ。そして、実行する日を決めたのさ。忘れもしない、1979年9月24日。その日は僕の13歳の誕生日だったんだ」

当時マラドーナは、アルヘンティノスの本拠地ラ・パテルナル地区の一戸建てに住んでいた。突撃取材に選んだ時間が午後のティータイムだったこと、マラドーナが家族と一緒に住んでいたことなどを考慮し、ハビエルと友達は手土産に菓子の詰め合わせと、マラドーナの母親にプレゼントするための花束を持って自宅に向かった。

マラドーナの家があったのはラスカーノ通り2257番地。入口の呼び鈴を鳴らすと、中からマラドーナの姉と思わしき人が出てきて「ディエゴは家にいない」と言う。

「それでも僕は『そんなわけがない、いるはずだ』と言い張った。家の前にディエゴの車が停めてあったからね。そこで僕たちは宿題のことを話し、どうしてもインタビューしたいとお願いしたけれど、取り合ってもらえなかった」

門前払いを食らい、友達は帰ろうと言ったが、ハビエルはどうしても諦めきれない。せっかく入念な準備をしてここまで来たのに、何もできずに帰るなんて悔しい。でも、どうすればいいのか。花束と菓子を持ったまま、途方に暮れて家の前の歩道に座り込んだ。

それから待つことおよそ1時間。辛抱強く待っていた少年たちの目の前で突然家のドアが開いた。中から現れたのは、なんとマラドーナ本人だ。

その時の情景を、ハビエルは今も鮮明に覚えている。

「ディエゴは何も言わずに、無言のまま僕たちに中に入るように手招きしてくれた。プーマの水色のジャージが似合っていて、とてもかっこよかった。心が高鳴ったよ」

少年たちはリビングルームに通された。テレビではワールドユースの映像が流れている。2週間前に優勝を決めた対ロシア戦の録画だった。日本から帰国後間もなく、ワールドユースのために免除されていた兵役義務を務めなければならなかったため、髪の毛は短くカットされていた。よく見ると、プーマのジャージの下にはパジャマが見えている。家にいなかったのではなく、どうやら昼寝をしていたらしい。

インタビューでは、サッカーに関することからプライベートなことまでありとあらゆる質問を投げかけたが、マラドーナは寝起きにも関わらずそのひとつひとつに丁寧に答えた。はじめて訪れた日本はとても美しい国で、行く先々で温かい歓迎を受けたこと。前年のワールドカップで開幕の10日前に自分をチームから外したセサル・ルイス・メノッティ監督にはもはや何の恨みもないこと。当時アルヘンティノスの監督だったブラジル人のデレム（元ブラジル代表選手。育成のエキスパートとしてその後リーベルプレートでエルナン・クレスポ、パブロ・アイマール、ハビエル・サビオラなどを育てた経歴の持ち主）からは多くを学び、その時点で最高の指導者だと評価していたこと。兵役では軍事訓練ではなく、事務作業をしていたこと。歌は聴くのも歌うのも好きで、タンゴから洋楽まで様々なジャンルのレコードをたくさん持っていること。目の前のスターが自分だけに秘密を語ってくれているような気分になり、ハビエルの心は躍った。

そして最後に、どのチームのファンなのかを訊いてみたところ、こんな返事が返ってきた。

「僕はインデペンディエンテのファンなんだ。とにかくボチーニが大好きだからね。でもアルヘンティノスは僕がプロの選手になるために全面的に支援してくれた。家族のためにこの家を買えたのもアルヘンティノスのおかげだ。この感謝の気持ちをピッチの中で示したい」

マラドーナといえば熱狂的なボケンセ（ボカ・ジュニオルスのファン）だったことで知られている。ボカのホーム「ラ・ボンボネーラ」のメインスタンドど真ん中に専用のVIP席を所有し、興奮のあまり身を乗り出しすぎて、娘たちに身体を支えてもらいながら応援していたクレイジーな姿は忘れられない。子どもの頃、憧れのリカルド・ボチーニが所属していたインデペンディエンテを応援していた時期こそあったが、9歳の時ハーフタイム・ショーで見せたリフティングをボカのサポーターたちから絶賛されたことで「ボカへの愛情が芽生えた」と自ら語っている。

ところが実際は、プロデビューしてからもしばらくはインデペンディエンテのファンだった。そして、アルゼンチン国内のどのメディアよりも早く本人の口からその事実を聞き出したのは、13歳になったばかりのひとりの少年だったというわけだ。

ハビエルはあの時のインタビューを録音したカセットテープを紛失してしまったことを今でも後悔しているが、「ディエゴの優しさに触れた感動は物には変えられない」と話す。

「僕たちがディエゴにインタビューしていた間、家の呼び鈴がひっきりなしに鳴っていた。連日誰かが家まで押しかけて来てはサインを頼んでいたということを、あとになってから知ったんだ。あれじゃあゆっくり休むこともできなかっただろう。それなのに、学校の宿題のために自分を待っている子どもたちのことを聞いて、家のドアを開けてくれたのさ。その後、ディエゴの周辺ではいろんなことが起きたけれど、あの日の彼が『本当のディエゴ』だと知っている」

それから月日は流れ、ハビエルは多国籍企業のアルゼンチン支部長となり、仕事で世界中を旅して回るようになった。そして2013年、出張先のドバイに住んでいたマラドーナと再会を果たすことになる。現地で開かれたディナーに出席した時のことだ。

マラドーナがディナーに招待されていることを知ったハビエルは、スマートフォンに保存してあった34年前のインタビュー時の写真をプリントして持参した。主催者から「ディエゴが来るかどうかはその時の気分次第」と言われたが、もし来るのであればあの日の礼を改めて言う絶好の機会だ。

幸いマラドーナはディナーにやって来たが、たちまち大勢の人に囲まれてしまい、広い会場の中で遠くから眺めるのが精一杯だった。食事が終わる頃、ハビエルは思い切ってマラドーナが座っていたテーブルまで歩み寄ったが、周りにはボディーガードがいて簡単に近寄ることができない。

「そこで彼らに写真を渡して、ディエゴに見せてもらうように頼んだんだ。それを見たディエゴは驚いたような顔をして、付き人らしき人と何やら話したあと、座ったまま僕に手招きをした。家のドアを開けてくれた時とまったく同じようにね。そして開口一番、『お前はいったい誰なんだ?』って聞かれたよ」

マラドーナは、昔住んでいた家の写真を持っている男がドバイに突然現れたことがまったく信じられないといった様子だった。ハビエルが自宅でのインタビューのことを話すと「そんなこともあったかな」と言いながら、1枚ずつじっくりと見入った。

「写っているもののひとつひとつについて、とても懐かしそうに説明しはじめた。そして、そのうちの1枚をもらってもいいかと僕に聞いたんだ」

写真をもらったマラドーナは満面の笑顔でハビエルに「この野郎、こんなもの持って来やがって！」と言った。その様子はまるで、感傷的になってしまいそうな自分が恥ずかしくて、照れ隠しにわざと汚い言葉を使っているようだった。

ハビエルは3人の息子のためにサインをもらい、得心して自分のテーブルに戻った。マラドーナはその後出席者の前でタンゴを一曲歌い、拍手喝采を浴びた。ディナーが終わり、ホテルに戻ろうとしたところで、主催者がハビエルのもとにやって来て言った。

「あなたがあの写真を持って来てくれたおかげでディエゴの機嫌が嘘のように変わった。それまではものすごく不機嫌で、早く帰りたいと文句ばかり言っていたのに、まさか歌まで歌ってくれることになるとは。本当に助かったよ、どうもありがとう」

81年にアルヘンティノスからボカに移籍した後、完全にボケンセと化してしまったマラドーナに対し「自分が生まれたクラブやラ・パテルナル地区のことを忘れるなんて」と不満を抱いたアルヘンティノスのサポーターは少なくなかった。だが2020年4月、チャリティーマッチのため古巣に招待された際、アルヘンティノスの公式SNSアカウントに投稿された自身の

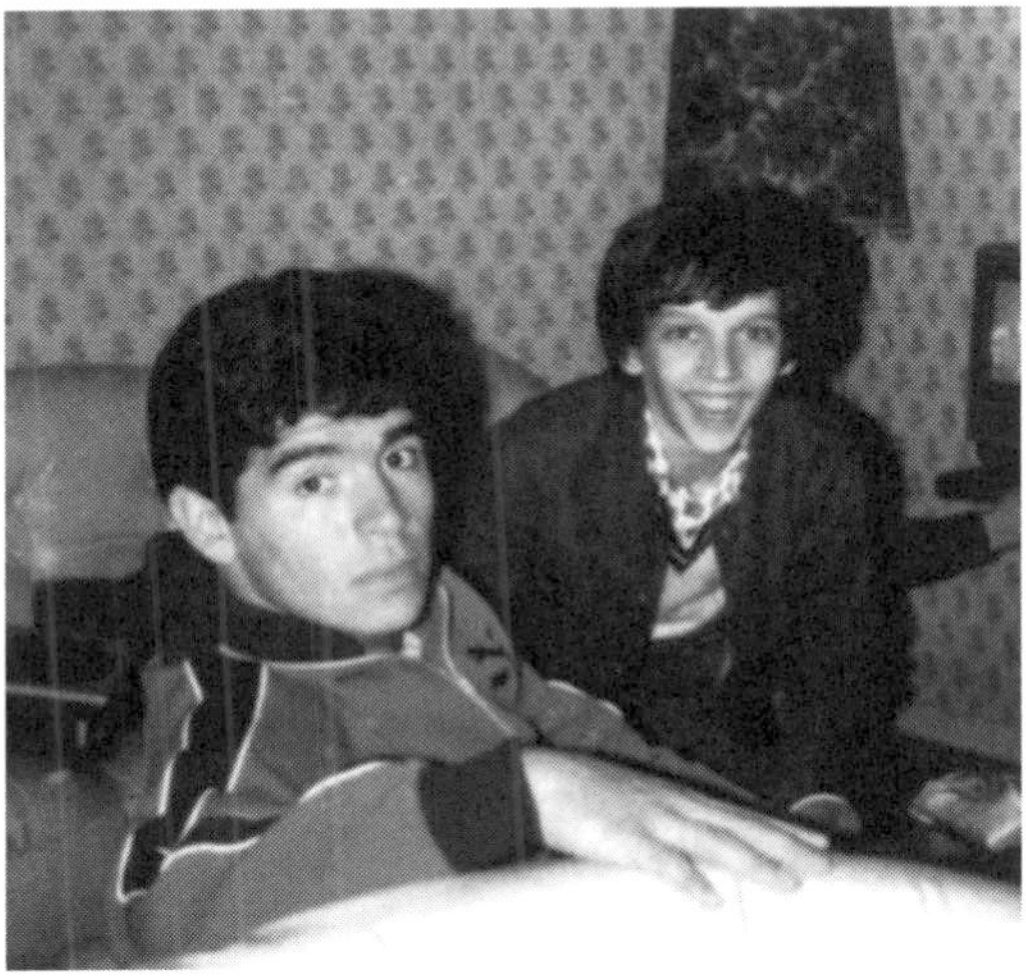

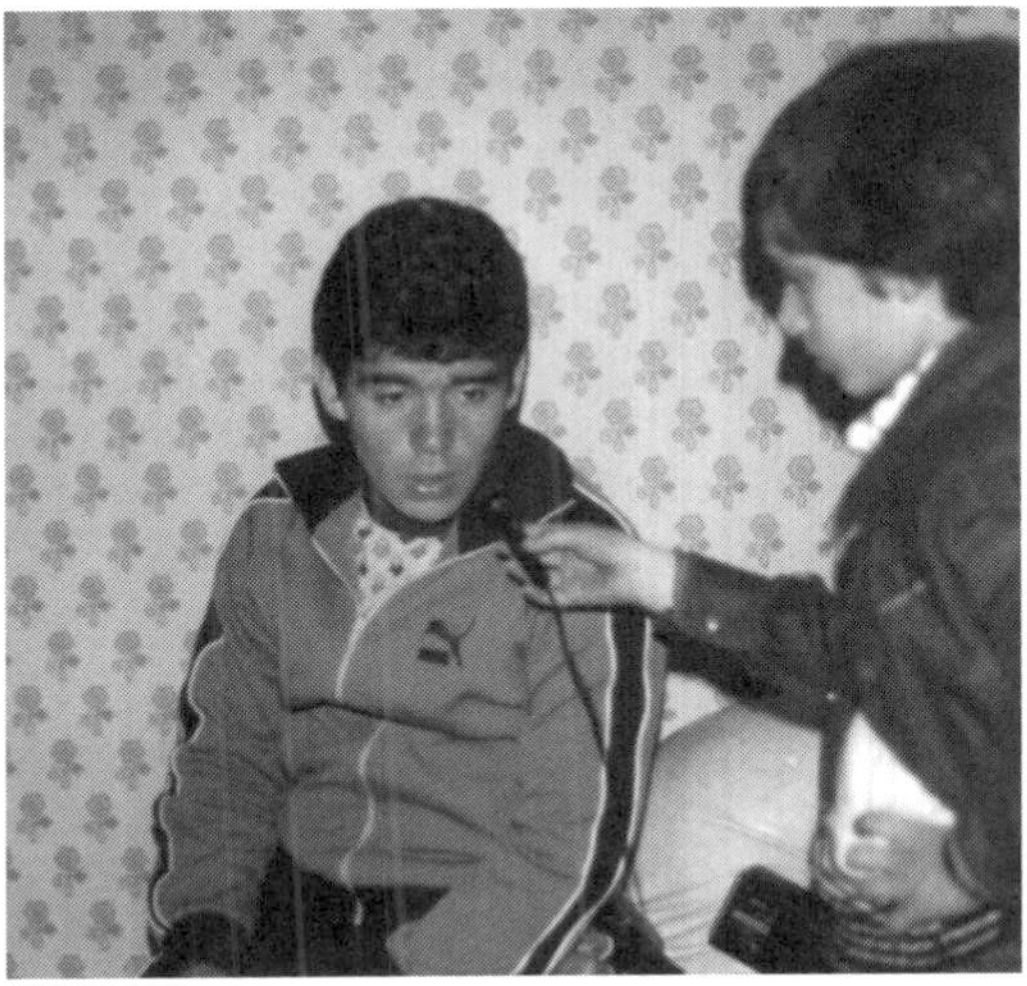

マラドーナの自宅でインタビューするハビエル。(提供:Javier Lukacher)

写真にマラドーナはこう書き込んだ。

「俺は忘れない。君たちも俺のことを忘れずにいてくれてありがとう」

マラドーナの死後、どこかの倉庫に保管されたままとなっているドバイ在住時の所有物の中に、ハビエルが残したラスカーノ通り２２５７番地の思い出の欠片が今もひっそりと眠っている。

「真っ赤なフェラーリの夢を見た」

"Soñé con un Ferrari rojo."

２０１３年４月、アルゼンチン国内で開催されたＵ17南米選手権を観るため、私はサン・ルイスを訪れた。

サン・ルイスは首都ブエノスアイレスからおよそ７９０キロにある内陸都市で、アンデス山脈の麓に広がる「クージョ」と呼ばれる地域に位置する。ブエノスアイレスからは飛行機で一時間ほどの距離にあるが、それまでは行く機会がなく、私にとってはこの時がはじめての訪問となった。

試合会場となったスタジアムの名前は「エスタディオ・フアン・ヒルベルト・フネス」。フネスはサン・ルイス出身の元プロサッカー選手で、１９８６年にリーベルプレートの一員としてコパ・リベルタドーレスで優勝し、その年の12月にはトヨタカップにも出場している。「ブファロ」（バッファロー）の愛称に相応しい恰幅で、ボディビルダーを思わせるような筋肉隆々のフィジカルに恵まれ、アルゼンチン代表でも将来有望なストライカーとして期待されていたが、ボカ・ジュニオルスに在籍していた１９９０年に心内膜炎を罹っていることが発覚して現役を引退。治療、手術の甲斐もなく、１９９２年1月、28歳の若さで亡くなった。

スタジアムの入り口に飾られたフネスの写真を眺めていると地元の記者から声をかけられ、「フネスの遺族のためにマラドーナが奔走した」という話を聞かされた。興味を抱き、もっと知りたかったのだが「フネスが死んだ直後に起きたことについては半分も語られていない」らしく、彼もそれ以上の詳細は知らなかった。

以来ずっと気になっていたそのエピソードが、7年半の月日を経て明らかになった。マラドーナが亡くなった日、フネスのひとり息子で現在はサン・ルイス州議員を務めるファン・パブロ・フネス・ビアンチが、州議会でマラドーナへの追悼スピーチを読み上げた中で当時のことについて語ったのである。

フネスがブエノスアイレス市内の病院で息を引き取った際、イバーナ夫人は悲しみに暮れる間もなく残酷な現実を突きつけられた。長期の入院と治療から高額の請求書を渡され、全額を支払うまで遺体の引き渡しは不可能と告げられたのだ。

入院していたのは、世界ではじめて心臓バイパス手術に成功したアルゼンチンの名医ルネ・ファバローロの私立病院とあり、医療費は決して安くはない。後日マラドーナの代理人だったギジェルモ・コッポラが明らかにしたところによると「フネスの入院費は1日半で35000ドル（約420万円）だった」そうだが、それ以外にも薬代や手術費を含む様々な経費が嵩み、2年間の闘病生活で貯金をほぼ使い果たしていたイバーナ夫人にとっては到底支払える金額ではなかった。

「マラドーナはオスカル・ルジェリ（86年ワールドカップ優勝メンバーでフネスとはリーベルプレートでのチームメイト）と一緒に銀行へ行き、遺体を引き渡さないとはどういうことかと、ドアを蹴り破って病院の事務所に押し入り、白紙の小切手を叩きつけたのです。このおかげで、私たちは最初の問題をクリアすることができました」

イバーナ夫人は遺体を引き取り、サン・ルイスまで搬送することができたが、次の問題が立ちはだかった。交通手段が限られていたことやスケジュール上の都合などから、フネスの元チームメイトたちが告別式のためにサン・ルイスまで行くことはほぼ不可能だったのだ。

だが、マラドーナがここでも動いた。

「続いて彼は、父の元チームメイトたちがサン・ルイスまで行けるように、必要なだけのバスをチャーターしました。そして、あくまでも群集の中のひとりとして、60000人もの人が集まった告別式に参列したのです」

サン・ルイスに到着したマラドーナは、夜中であったにもかかわらず玩具屋を開けさせ、おもちゃのフェラーリを調達した。危篤状態にあったフネスが一時的に目を覚まし、「真っ赤なフェラーリの夢を見た」と呟いたのを聞き、「退院したら一緒にフェラーリを買いに行こう」と約束していたのだという。

「その約束を果たすために、私におもちゃのフェラーリをプレゼントしてくれたのです。もう二度と父には会えないことを告げられたばかりの私に」

1992年4月、マラドーナはフネスの追悼試合を企画した。病院への支払いと、息子ファン・パブロの養育費に困っていたイバーナ夫人を助けるためだ。

アルゼンチン代表チームのメンバー全員が参加することも決まり、テレビで全国に生中継される大々的なイベントとして注目されたが、試合当日の一週間前にFIFAから一枚のファックスが届いた。当時マラドーナがナポリでのコカイン陽性反応検出による15か月間の出場停止処分期間中にあったことから、FIFAは「AFA（アルゼンチンサッカー協会）に登録されている現役の選手たちと同じピッチでプレーすることは規約に違反する」と判断し、マラドーナの出場を禁じるだけでなく、試合に出る選手全員にも厳しい処分を課すと警告してきたのである。

マラドーナは「仲間に迷惑をかけたくない」と自分だけ出場を辞退しようとしたが、他の選手たちがそれを許さず、予定通り試合を決行することで一致団結。処分の対象とならないように、すでに現役を引退した審判団を起用し、スローインをキックで行なうなど、ＦＩＦＡのルールの枠外で開催された。

試合後、汗だくになりながら「今日、俺たちサッカー選手たちは権力に勝った」と言ったマラドーナの姿がアルゼンチン全土にライブで流れた。その挑戦的な態度を映した映像はＦＩＦＡ幹部の目にも届いたことだろう。だが、白紙の小切手を握り締めて世界的権威の心臓外科医の病院のドアを蹴り破り、亡き友人との約束を守るため夜中に玩具屋を開けさせたディエゴの姿は、限られた人々の記憶の中だけに留まっている。

ファン・パブロは、亡き父のため、そして母のために文字通り「戦った」マラドーナへの思いをこう締め括った。

「彼は真の友でした。やっと手に入れることのできた安らぎの中で、ディエゴが安心して眠れますように。どこかで父を抱き締めることができますように。そして、その待ちかねた抱擁の傍に、多くの喜びとサッカーを与えてもらったことに感謝する私たちみんなの姿がありますように」

「マラ」と「ドーナ」に託した反逆の精神

El espíritu de rebelde transmitido a Mara y a Dona

２０１９年、マラドーナについて語り合うイベントに参加した若手ジャーナリストが、自身のブログに興味深い記事を投稿していた。集まったのは筋金入りのマラドニアーノ（マラドーナのファン）ばかりだったが、参加者の年齢層では、86年ワールドカップの感動をリアルタイムで体験していない30代が圧倒的に多かったというのだ。

実際アルゼンチンには、86年大会よりも、90年または94年のワールドカップでのマラドーナの姿に感銘を受けたという人がかなりいる。はっきりした統計はないが、この記事に書かれていた証言は「ポスト86年大会」世代のマラドニアーノたちが多数存在することの裏づけだと言ってよい。

ワルテル・ロトゥンドも、そのひとりだ。

2. El Diego de la gente

2020年11月3日、マラドーナが脳の手術を受けた病院の前で、双子の娘を引き連れて祈るワルテルの姿が多くのメディアに取り上げられた。娘たちはそれぞれ、背中に「マラ」、「ドーナ」と書かれたアルゼンチン代表のユニフォームを着ている。ふたり合わせて「マラドーナ」となるように名づけられたのだ。

男児がマラドーナに因んで「ディエゴ」と命名されたケースはよくある。特にマラドーナの全盛期だった80年代に多く、アルゼンチンに留まらず隣国ブラジルでも流行った名前で、サッカー選手ジエゴ・コスタ（『ジエゴ』は『ディエゴ』のポルトガル語読み）もその一例だ。だが女児がマラ、ドーナと名づけられたという話は、少なくともアルゼンチンでは聞いたことがなかった。それだけでも面白いと思ったが、あるニュースサイトに掲載された記事を読んで双子の父親が30代だとわかり、私はどうしても彼の話を聞きたくなった。

ワルテルが生まれたのは、アルゼンチンとイギリスの間でマルビーナス（フォークランド）紛争が勃発した1982年。マラドーナに強い憧れを抱いたきっかけは、90年ワールドカップだった。

「マルビーナス紛争の年に生まれたのだったら、86年ワールドカップでのイングランド戦の2ゴールに特別な思いがあるのではと思われるかもしれない。でも実際はまだ幼児だったから、マラドーナがナポリでスクデットを獲った頃や、86年大会でアルゼンチンを優勝させた時の感動の記憶はまったくないんだ。今のように、動画サイトで昔の試合をいつでも観られる環境にもなかったしね。私が衝撃を受けたのは、8歳の時にリアルタイムで観た90年大会のマラドーナだった」

捻挫からテニスボールのように腫れ上がった足首に痛み止めの注射を打ちながらプレーする姿に不屈の魂を感じ、愛するナポリのスタジアムでイタリアを敗退させ、地元の人々との関係に歪が生じた不遇を嘆き、決勝でブーイングを浴びながら「¡Hijo de puta!」（こん畜生！）と叫び続ける姿に正義を見出した。だが決定的だったのは、敗れたあとの涙だったという。

「ドイツに負けたことが悔しくて、私は泣きに泣いた。すると、テレビ画面に映されたマラドーナも自分とまったく同じように泣いているじゃないか。そこで鏡を見ているような錯覚に陥ってから、わかったんだ。マラドーナは、私たちアルゼンチン人を文字通り代表しているのだとね。その昔、南米大陸を植民地としたスペインに独立戦争を起こした先人たちのように、権力や圧力といった目には見えない大きな力に反逆の精神をもって立ち向かい、敗れても媚びることなどなく、悔しさを顕《あらわ》にした。その強い姿勢に、自分との強烈な繋がりを感じたんだ」

翌年マラドーナがコカイン所持で逮捕されても、その思いはまったく変わらなかった。それよりもアルゼンチン代表で彼のプレーが見られなくなったことを嘆き、94年大会に出場するためにトレーニングに励んでいると知って心が躍った。

「アルゼンチン代表は出場停止処分中のマラドーナが不在の状態で33試合無敗記録を作ったけれど、その後コロンビアに大敗して、バシーレ（当時の代表監督）とグロンドーナ（同アルゼンチンサッカー協会会長）が直々にマラドーナを訪ねて代表に復帰するように懇願した。そして彼はふたつ返事で承諾して、復帰とともにプレーオフを勝ち抜いてワールドカップ出場権をつかみ取った。今思えばマラドーナのために特別に用意されていたようなストーリーだったね」

だが、マラドーナにとって4度目となったワールドカップは信じ難い結末を迎える。それでも屈せず立ち上がり、95年にボカ・ジュニオルスへの復帰を実現させた英雄を見て、当時13歳だったロトゥンドはある決心を固めた。ふたりの女の子の父親となり、それぞれにマラ、ドーナと名づけることに決めたのである。

「ふたりの娘を授かることも含めて、願いでも希望でもなく、純粋な決意だった。話題づくりのためでもない。それまで自分が感じてきたマラドーナとの繋がりや彼に対する深い敬意を、娘の名前で示すと決めたんだ。将来何になりたいかと聞かれたら、医者やサッカー選手などと言う代わりに、『マラとドーナという名のふたりの娘の父親になる』と答えていたのさ」

家族や友人はその決心を聞いて笑ったというが、ロトゥンドは真剣だった。そして2011

年7月、強い信念が奇跡を呼んだかのように、当時付き合っていたガールフレンドとの間に双子の女の子が生まれた。

マラとドーナの誕生は、たちまちアルゼンチン国内でニュースになった。16年前の決心を実現させた喜びを伝えるため、ロトゥンドは当時ドバイに住んでいたマラドーナに手書きの手紙を送り、マラドーナの長女ダルマからも祝福のメッセージを受け取った。双子のマラとドーナに感激したダルマはその後何度かマラドーナとロトゥンドを引き合わせようとしたが、様々な都合から実現はならなかった。

「私は決して、自分のマラドーナに対する思いを娘たちに押し付けたりしない。名前を通じて彼女たちに伝えたいのは、マラドーナのように、何度躓《つまず》いても立ち上がり、前に進む強さと勇気を持つことと、不当なことや権力に立ち向かう反逆心を抱き続けること。それが、世界中の人々を圧倒した天才的なプレーと一緒に、マラドーナがこの世に残したレガシーだと思っている」

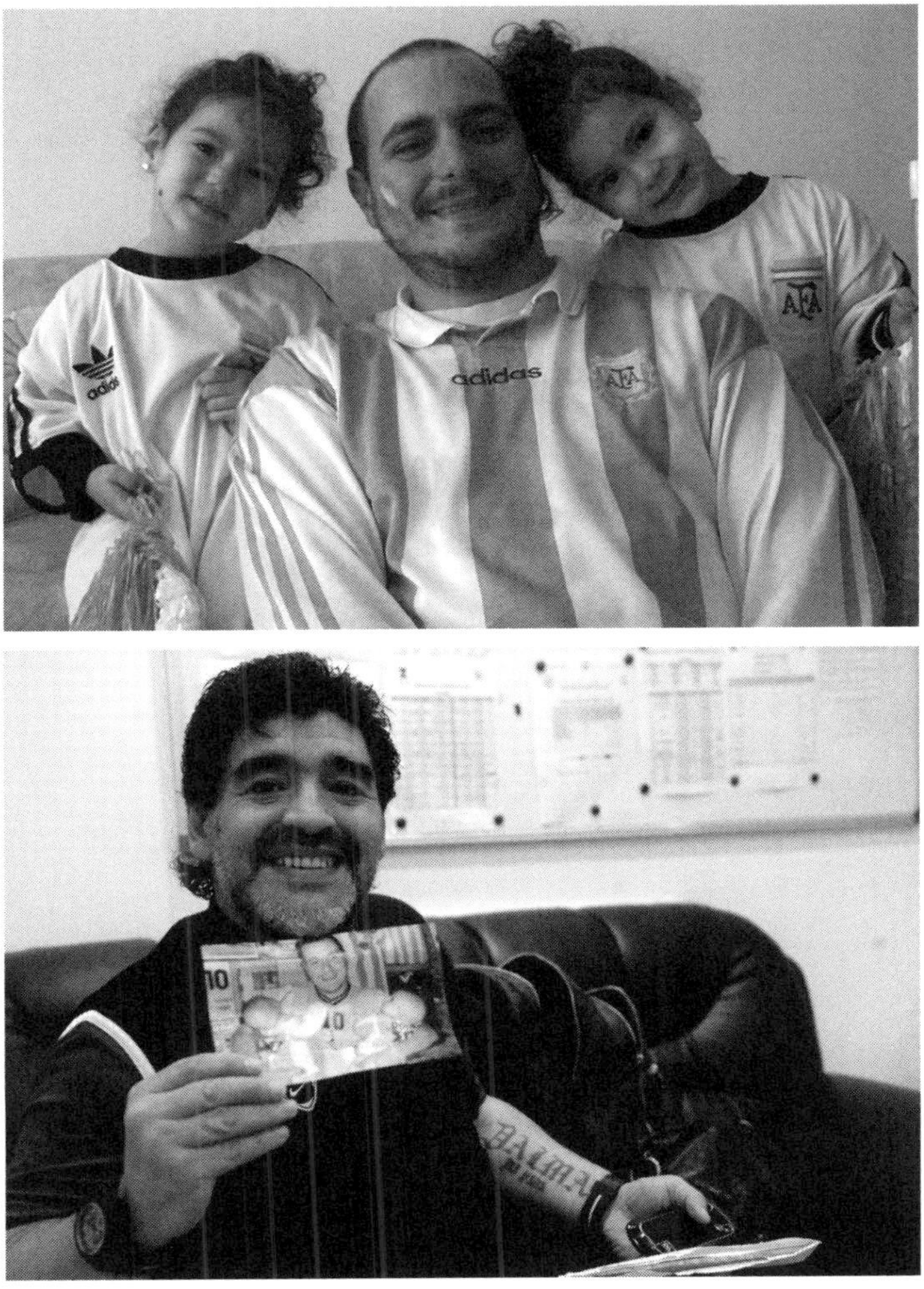

（上）マラ、ドーナとロトゥンド。（下）双子誕生時に送られた
写真を持って微笑むマラドーナ。（提供:Walter Rotundo）

俺の足は君の足

Mis piernas son tus piernas

2005年、アルゼンチンではマラドーナが司会を務めるテレビ番組「La Noche del 10」(背番号10の夜) が放映された。

全13回限定で放送されたこの番組では、公募されたファンレターの中から10通が選ばれ、差出人が番組の中で手紙の内容を紹介しながらマラドーナと対面できるという企画があった。紹介されたファンの話はどれも興味深かったが、その中でひとつ、私が心を打たれたのがひとりの車椅子の男性のケースだった。

それをこの本でどうしても紹介したいと思い、番組の製作者を通じて話を聞いてみると、番組放送後のストーリーにもまた、胸に響くものがあった——。

94年6月4日、当時20歳だったエルナン・フォンセカは交通事故で脊髄損傷の重傷を負った。地元サンタフェ州トトーラスのクラブ、ウニオン・デ・トトーラスのGKとしてトップチームでプレーしていたフォンセカは、本来なら6月5日に強豪ボカ・ジュニオルスの入団テストを受けることになっていた。

「ところがちょうど大雨が降ってボカのトレーニング場が浸水してしまい、テストが延期になったんだ。ブエノスアイレスに行く予定がキャンセルになったので、私は友達数人と遊びに出かけることにした。そして酒を飲んでから帰る途中、乗っていた車が横転して、他の友達は全員無傷で済んだのに私だけ骨折してしまい、運悪くその骨が脊髄に刺さったというわけだ」

この怪我により、フォンセカは生涯車椅子生活を強いられてしまう。プロサッカー選手として飛躍するチャンスを失ったショックは相当なものだったが、周囲からの励ましに支えられながらリハビリを続けていた。

そして事故からおよそ1年経った頃、トトーラス出身の元プロサッカー選手で知り合いだったファン・アマドール・サンチェスから夢のような企画があると知らされる。マラドーナがトトーラスでエキシビジョンマッチを行なうというのだ。

「その頃、マラドーナはまだ94年ワールドカップでのドーピング陽性反応から下された出場停止処分期間中にあったから、唯一プレーできたのはインドアサッカーだけで、11人制のサッカーをやりたければエキシビジョンマッチという形でしか参加できなかった。そこである日、当時一緒にインドアサッカーをやっていたサンチェスに『トトーラスで試合をやろう』と持ちかけたらしくて。地元にマラドーナが来て試合をやってくれるなんて、願ってもない機会だろう？　そこでサンチェスはすぐに準備を進めて、実現に向けて動きはじめたんだ」

こうして95年5月6日、人口1万人足らずの小さな町トトーラスにマラドーナがやって来た。当初、地元の人々は本当に来るのかどうか半信半疑だったというが、予定の時間よりも1時間ほど遅れた午後12時半に到着。フォンセカはサンチェスの計らいからロッカールームに招待してもらい、マラドーナが試合の準備をする間、ずっと傍にいる機会に恵まれた。

「マラドーナは私を見るなり、開口一番『君はGKだったんだって？』と聞いたと思ったら、『よっぽどサッカーが下手だったんだな！』と言って笑った。アルゼンチンでは子どもたちが遊びでサッカーをする時に一番下手な子がGKをやらされる傾向があって、特にマラドーナはいつもGKについて独特の考えを持っていたから、冗談ばかり言って私を茶化しはじめたんだ。それから私にバッグを持たせて、着替えている間に服やソックスを渡してくれと頼んだり、スパイクを持たせてくれたりしてね。私はすっかり彼のパーソナルアシスタントになったような気分だったよ。でもその間、私が車椅子を使っている経緯については一切、一言も言及しなかった。あとでわかったのだけど、あの時すでにマラドーナは私が1年前までプロサッカー

試合の途中、マラドーナからユニフォームを渡され激
励を受けるフォンセカ。(Photo by Daniel Cardacci)

選手だったこと、事故でサッカーを諦めて、一生歩けなくなってしまったことを知っていたんだ」

マラドーナは、同情をすることもされることも嫌った。「Lástima a nadie」（同情なんて誰に対してもするもんじゃない）という名言を残しているとおり、人生に同情は不要という心情を貫いていたため、フォンセカが置かれた状況を嘆くような真似はしなかったのだ。

集まっていたトトーラスの人々は、マラドーナのプレーに酔い痴れた。スタンドもないサッカー場での試合とは思えないほど、マラドーナは素晴らしいプレーの数々を披露した。

「私はタッチライン沿いで観ていたんだけど、トトーラスのような田舎の町で、しかも自分の目の前で、あのマラドーナがバイシクルキックをしたり、ドリブルや股抜きを見せたりしていたことが信じられなかった。ゴールを決めた時はまるでアルゼンチン代表戦のように喜んでいたよ」

後半がはじまって5分ほど過ぎた頃、突然マラドーナがピッチ脇にいたフォンセカのもとに駆け寄って来ると、それまで着ていたユニフォームを脱いで渡した。そしてフォンセカを抱き締め、耳元でこう囁いた。

「頑張れよ、挫けるな。俺の足は君の足だ」

自分だけに語りかけたその言葉に、フォンセカは涙が頬をつたわるのを感じながら頷くのが精一杯だった。その光景に観衆が拍手をすると、マラドーナは人々に向かって、自分ではなくフォンセカに拍手を送るように促した。

「あの時ディエゴが何を言ったのか、私以外は誰も知らなかった。感激し過ぎて身体が震えて、ありがとうの一言さえ言えなくて、あとになってどれほど後悔したことか……」

トトーラスを去る前、マラドーナはサンチェスに、試合の収益金をすべてフォンセカのリハビリのために使うように頼んだ。そして、大勢から頼まれたサインと記念撮影に応じたあと、ロサリオ・セントラル対ボカを観るために隣町のロサリオ市へ向かって去って行った。

2004年4月、マラドーナは薬物の過剰摂取による心臓疾患から危篤状態に陥り、ブエノスアイレス市内の病院に担ぎ込まれた。英雄からの激励に奮起してから約9年間、ずっとトレーニングを重ね、車椅子バスケットボール選手として活動していたフォンセカは、マラドーナが生死を彷徨っている状態にあると知っていてもたってもいられなくなり、その思いを手紙に綴ることにする。

「病院に送ったところで読んでもらえるかどうかもわからなかった。でも、ディエゴに対する感謝の気持ちと、一刻も早く回復してほしいという願いを抑え切れなくて、何らかの形で表現しないわけにはいかなかったんだ。トトーラスまで来て素晴らしいプレーを見せてくれた日の思い出、自分だけに呟いてくれた言葉、感謝の気持ちを伝えられなかった自分への怒り……。目の前にディエゴがいることを想像しながら書いたんだ」

ありのままに素直な思いを綴った手紙の最後は、こう締め括られていた。

「ありがとう、ディエゴ。今、僕の心臓は君の心臓だ」

その後マラドーナは奇跡的な回復を遂げ、翌２００５年8月、自身のテレビ番組「La Noche del 10」で司会を務めることになった。

番組の中で、ファンがマラドーナと対面できる企画があると知ったフォンセカは、引き出しの中にしまったままとなっていた手紙のことを思い出し、一か八かで送ってみることにする。例え選ばれなくても、もしかしたらマラドーナに読んでもらえるかもしれない。そうすれば、自分があの時伝えられなかった感謝の気持ちを届けることができる。

その思いが伝わったかのように、フォンセカが書いた手紙は10通の中のひとつに選ばれた。番組では、トトーラスでの試合の映像をバックに音読される手紙の内容をマラドーナが聞き入り、読み終わったところでスタジオにフォンセカが登場。ふたりがしっかり抱擁し合って再会を喜ぶというシーンが映し出された。

「収録が終わってからディエゴとゆっくり話すことができたんだ。10年前のことはよく覚えていてくれた。ディエゴの顔を見ながら『ありがとう』を言うことができて、やっと気持ちが晴れた思いだったよ。私があれから身体をさらに鍛えて車椅子バスケットボールをはじめたと話したら、まるで古くからの友人のようにものすごく喜んでくれてね。『じゃあ今度はアルゼンチン代表チームに入れるように頑張れ！』と激励してくれた」

2年後、フォンセカは車椅子バスケットボールのアルゼンチン代表選手に選ばれ、2014年に引退するまでの7年間にわたって母国のユニフォームを着てプレーした。現在はトトーラス市役所で障がい者スポーツを普及促進するコーディネーターの任務を担っている。

「アルゼンチン代表としてプレーしていた頃、試合前に国歌を聴くたびにディエゴを思い出した。ディエゴはいつもアルゼンチン人としての誇りを世界に向けてアピールしていたからね。ワールドカップでは、優勝した86年大会はもちろん、90年大会でも、足を切られた94年大会でも、母国の代表でプレーする意味や価値を態度で示してくれた。どんなに苦しい状況に置かれても、絶対に夢を諦めてはいけないと教えてくれたんだ。『ディエゴ・アルマンド・マラドーナ』は『リベンジ』の代名詞だ。私が今こうして障がいを持つ多くの子どもたちや青年にスポーツをする喜びを伝えられるのも、リベンジの勇気を与えてくれたディエゴのおかげなのさ」

ボケンセを救ったシャツ

La camiseta que salvó a un boquense

1995年10月7日、マラドーナが14年ぶりのボカ・ジュニオルス復帰を果たした時のことは、今もよく覚えている。

私はこの復帰戦をどうしても観に行きたかったのだが、次女の出産予定日の1か月前だったため、許容人数を超えて通路までぎっしり満員になることが予想されたボンボネーラ（ボカのホームスタジアム）の急勾配のスタンドを、大きなお腹を抱えた状態で上り下りするのはさすがに危険と判断。泣く泣く諦めた痛恨事だった。

スタンドから大量の紙吹雪とチームカラーの風船が舞い降りるなか、ピッチに登場するなり軽やかに動きながらボールを蹴り、観衆から大歓声を浴びるマラドーナは本当に眩しかった。テレビの画面越しで満足するしかなかったが、それでも、94年ワールドカップでの打撃を乗り越えて完全復活を遂げた英雄の姿に私は涙を流した。

それとは別にもうひとつ忘れられないのが、この日マラドーナが着ていたシャツである。一目でオフィシャル商品ではないとわかるデザインのシャツで、身ごろにはマラドーナとクラウディオ・カニージアが並んで立っている写真が大きくプリントされていた。よく選手たちがユニフォームの下に家族の写真をプリントしたTシャツを着ていることがあるが、まさにその類のシャツだったのだ。ボカに復帰するなり、そんな手作り感満載の非公式ウェアを着て堂々とボンボネーラに向かうなど、マラドーナにしかできない微笑ましいことだと思ったものだ。

だが後日、あのシャツに、実はとても素敵なエピソードが秘められていたことを知った。

1995年1月、メルコスール（南米南部共同市場）加盟諸国間の関税が撤廃され、アルゼンチンと隣国の間で自由貿易がスタートした。これに伴い、国内の一部の中小製造業者は輸入品に市場を奪われて経営不振に陥り、厳しい状況に置かれていた。

ブエノスアイレス郊外の町サン・フストに住むヘラルド・カラブリアもそのひとりだった。

カラブリアはボールを製造する町工場を営んでいたが、安価な輸入品の前に手も足も出ず、倒産寸前の状態にあった。そんな時、マラドーナのボカ復帰が決まり、カラブリアはあるアイデアを思いついた。当時のことを、カラブリアの長男アレハンドロはこう語る。

「大のボケンセ（ボカのファン）だった父は、マラドーナのグッズを作って売ろうと考えたんです。ちょうど『エル・グラフィコ』誌の付録にボカのユニフォーム姿でポーズを取るマラドーナとカニージアのポスターが付いてきたので、それを使って何か作れないかと考え抜いた結果、シャツを作ろうということになって」

こうして、マラドーナのボカ復帰を祝う意味も込めて、工場経営の存続を懸けたシャツの生産がはじまった。襟と袖はボカのチームカラーである紺色と黄色、前身ごろにはマラドーナとカニージアの写真を大きくプリントし、その周りにボカ・カラーのト音記号や紙吹雪を散らした明るく賑やかなデザイン。ボンボネーラ周辺の小売店で販売をはじめるや否や飛ぶように売れ、前月まであった赤字を埋めることができた。

ところが、ここで予期していなかった事態が起こる。マラドーナの復帰デビュー戦まで1週間という時、ひとりの女性から電話がかかってきた。

「もしもし、会社の責任者と話をしたいのですが。あなたは私の夫の写真を無断で商品に使っていますね」

カラブリアが名前を聞くと、クラウディア・ビジャファーニェだという。誰もが知っているマラドーナ夫人だ。

「最初、父は冗談だと思ったんです。まさかあのクラウディアが直々に電話をかけてくるなんて信じられなかった。ところがしばらく話を聞いているうちに本人だとわかり、父の顔はだんだん青褪めていきました」

クラウディアはカラブリアに、無許可で写真を使うのは肖像権の侵害だとし、訴訟を起こした場合は高額の賠償金を支払わなければならなくなり、会社が倒産するだけでなく一生借金を背負うことになると話した。その間、カラブリアは生きた心地がしなかったというが、クラウディアの話を一通り聞いたあと、自分の工場が置かれていた厳しい状況について話しはじめた。

「私は当時まだ子どもだったのですが、父がかなり長い時間話していたのを覚えています。何かを懇願していた様子はなくて、工場が倒産しかかっていたことについて説明していました。そしてクラウディアは、後日また連絡すると言って電話を切ったのです」

次の連絡を待つこと48時間。再び電話をかけてきたクラウディアは、カラブリアに言った。

「シャツの件は問題ありません。その代わり、私がボランティアをしている視覚障害者支援団体のために、ブラインドサッカー用のボールを寄付してください。それから、あなたが作ったシャツも2枚ほどいただきたいのですが」

訴訟を覚悟していたカラブリアは胸を撫で下ろし、クラウディアが依頼した倍の数のボールを届けた。裁判を避けられた安堵感と、売れ残ったボールを喜んで使ってもらえると知った幸福感で満ち溢れた。

そして、マラドーナのボカ復帰当日。テレビを観ていたカラブリアは仰天する。ボンボネーラに到着したチームバスから姿を現したマラドーナが、なんと自分が作ったあのシャツを着ていたのである。

「合宿先を出た時から移動中、試合後のインタビュー、そのあとチャルリー・ガルシア（アルゼンチンの著名ミュージシャン）と出かけたディナーの席までずっと同じシャツを着ていたのを見て、父は驚き、感激していました。ボカの他の選手たちがみんなチームウェアを着ていたのに、マラドーナだけが父の作ったシャツを着ていたのですから」

あの日の密着レポートを見ると、試合の時を除き、マラドーナは常にカラブリアのシャツを着ていたことがわかる。しかもディナーでは、一時カラブリアを電話で凍らせたクラウディアまでがマラドーナとのペアルック姿で笑顔を振りまいていた。

「写真の無断使用を見つけてクラウディアが父に電話をしたあと、マラドーナは父の工場が潰れかけていると知ってシャツの生産と販売を見逃してくれただけでなく、アルゼンチン全土から注目が集まっていた日にそれを着て、黙って宣伝に一役買ってくれたのです。そのおかげでシャツは爆発的に売れて、父は倒産を回避することができました」

私はこのストーリーを知り、クラブのオフィシャル商品ではないウェアに身を包んでいたマ

ボカの非公式シャツを着たマラドーナとクラウディア。左はチャルリー・ガルシア。(Photo by Torneos y Competencias / Revista El Gráfico)

ラドーナに苦笑してしまった自分が恥ずかしくなった。そして、マラドーナの真心の象徴とも呼べるシャツをどうしてもこの本で紹介したくなり、写真を送ってもらおうとしたのだが、在庫は1枚もないという。残念に思ったが、彼は父が作ったシャツが手元に残っていないことを悔やんでいない。

「私たちは、マラドーナが偉大なサッカー選手である以上に、素晴らしく寛大な心の持ち主だと確信した体験そのものに、後世まで伝えられる大切な思い出としての価値を感じているのです」

「この子には手を出すな！」

"¡Con la nena, no!"

マラドーナの死後、ＳＮＳ上には「私とマラドーナ」をテーマにした実に多くの投稿が寄せられている。その大半は「〇年に〇〇でディエゴに会い、記念撮影／サインをお願いしたら快く応じてくれた」という類の話で、いずれも偶然の出会いがいかに感動的であったかが感じられる心温まるストーリーばかりだ。

だが２０２１年2月下旬のある日、それらとはちょっと異なるエピソードが話題になった。私のタイムラインにもダニエル・アルクッチ（ジャーナリスト、『マラドーナ自伝』執筆者）による引用ツイートとして現れ、彼はそれを「この感動的な物語の精密度の中にディエゴの魅力が凝縮されている」と紹介していた。

「私はマラドーナに命を救ってもらった」と書かれたそのツイートが投稿されたのは２０２０

年11月4日。マラドーナが亡くなる3週間前のツイートが、約110日の時を経て猛烈な勢いで拡散され、私が見た時点では1万を越える「いいね」がついていた。

私はまず、このツイートの主がマリアーナ・コプランという女性であることに興味を抱いた。マラドーナの人柄がわかるようなエピソードを語ってくれるのは男性と決まっていて、追悼番組にゲストとして登場する人たちも見事に男ばかりでやや辟易していた。アルゼンチンにおけるマラドーナは、サッカー界だけでなくスポーツ界全般、いや、それどころか芸能界や政界でも大物を超える存在感と注目度を誇っていた人だったのだから、思い出を語るのが男性ばかりの現象には違和感しかない。そのため私は、この本の中で、例えひとつでも女性による証言を紹介したいと思っていたところだったのだ。

次に関心を抱いたのは、コプランが体験したマラドーナとのエピソードが2007年となっていたことだ。2007年といえば、マラドーナがアルコール依存症の治療のために入院した年。スレッドの冒頭部分にも「私たちはリハビリのクリニックで出会った」と書かれている。比較的最近の出来事というのも、興味深い要素だった。

11のツイートにまとめられたその体験談は、まさにアルクッチが「ディエゴの魅力が凝縮されている」と絶賛したとおりのストーリーだ。そこで私はコプランから、もう少し詳しく話を聞いてみることにした。

２００７年3月26日、コプランはブエノスアイレス市内のメンタルクリニックに入院した。８年間付き合った彼氏との破局が原因で重度のうつ病に苦しみ、普段の生活にも影響を及ぼす状態だったため、入院が必要と診断されたのだ。

そして2週間ほど経った頃、クリニックのスタッフから「マラドーナが来る」ことを知らされた。

「私が感情的にとても不安定な状態にあったから、マラドーナのような有名人が入院することを事前に知らせる必要があったようです。私はとにかく毎日が悲しくて、薬を飲まなければやっていけない状態で。自分の人生における最悪の時に、まさかディエゴと知り合うことになるなんて思ってもいませんでした」

マラドーナは当時、コカイン依存症こそ克服していたものの、それに代わる飲酒癖からアルコール性肝炎を患っていた。やがて自宅での療養が困難となり、4月半ばにコプランと同じクリニックに入院した。

「はじめて会ったのはクリニックの中庭でした。私は決してミーハーではないし、気分は沈んだままだったのですが、目の前にあのマラドーナがいるなんて我慢できなくて。勇気を振り絞って歩み寄って自己紹介したんです。するととても素敵な笑顔を返してくれて、力強く握手してくれたのを覚えています」

普段、入院患者は食堂や共用スペースで顔を合わせたが、コプランは他の患者たちが中庭でレクリエーションをしていても、ひとりで書き物をしたり、絵を描いたりして過ごしていた。

「いつも何か書いていたから、ディエゴはまるでサッカーの解説者が選手にニックネームをつけるように、私を『lapicera veloz』（スピーディーな鉛筆）と呼んでいました。そして、身体を動かさないと駄目だと何度も言われたんです。身体を動かすと言っても、あそこでできたアクティビティは狭い中庭でバレーボールをする程度だったのですが、私がずっとテーブルを離れず、なかなか動こうとしないので、ディエゴは執拗にバレーボールに誘ってくれました。何度も何度も誘われた末に参加したら、私がボールに触れるたびにディエゴが『いいぞ！』と大きな声をかけてくれて。気がついたら久しぶりに声を出して笑っている自分がいたんです。ディエゴがうるさく言ってくれなかったら、入院期間中、私は歩くことさえしなかったでしょう」

引退後も行く先々でVIP待遇だったマラドーナだが、クリニックでは他の患者とまったく同じ扱いだった。

「食事もレクリエーションも、すべて私たちと同じ場所で同じように過ごしていました。でもやっぱり、どこか違っていましたね。存在感があるのは当たり前なのですが、カリスマとかオーラといった雰囲気的なものだけではなくて。クリニックで出会うひとりひとりに声をかけてくれて、冗談を言っては笑わせてくれました。話し上手で、いつも会話の中心になっていましたよ」

数々の会話の中で、コプランは自分がうつになった原因も打ち明けていた。そこでマラドーナは、コプランがいつものように書き物をしていたところへやって来て、何かを紙に書いて渡した。そこに書かれていたのは、コプランの元彼に向けたメッセージだった。

「ニコラス、お前なんか役立たずだ」

「そして私に『びくびくすんな、これをあいつに渡してやれ』って言ったんです。その時は十分に理解できなかったのですが、時間が経ってから、あんな役立たずのせいで自分がこんな目に遭わないといけないなんて馬鹿馬鹿しいと思えるようになって」

徐々に笑顔を取り戻していたコプランだったが、ある日突然パニック発作を起こす。スタッフ3人に押さえ込まれ、両手両足をベッドに括り付けられて抗精神病薬を大量に投薬された結果、起きた時には身体の半分が麻痺し、歩行もできない状態になっていた。事態を重く見た主治医がクリニックに注意を促したが、それからわずか3日後、再び発作に襲われてしまった。

「また同じスタッフたちがやって来て私を押さえ込もうとしたのですが、そこへディエゴが飛んで来て、私を抱き込みながら『この子には手を出すな』と言って守ってくれたんです。私が泣き叫んでいた間もずっと庇いながら、しばらくスタッフと揉めていました。そして母に電話をかけるように指示したんです」

ディエゴはコプランの母親と電話で話しはじめた。

「もしもし、ディエゴです。お嬢さんは大丈夫なので安心してください。ただ、今晩はここで夜を過ごさないほうがいいでしょう。大丈夫ですよ、私にも娘がいますからね。あなたが到着するまでこのまま待ってます」

母親が迎えに来るまでの間、マラドーナはずっとコプランの傍にいたという。その夜を最後にコプランは入院を止め、外来で治療を続けることになった。

「ディエゴはその後もしばらく入院していたので、クリニックを訪れるたびに顔をのぞきに行きました。いつも元気そうでしたよ。そして通院最後の日に、母と一緒に改めてお礼を言いました。ディエゴがいなかったら、私はどうなっていたかわかりません。だから、彼が脳の手術を受けたと知っていたたまれなくなり、その翌日、命の恩人へのオマージュとしてあのツイートを書いたんです。2007年に私を助けてくれた時のエピソードを全部まとめて、そして『あなたが子どもたちの愛情と孫の抱擁に包まれますように』と。とにかく、一日も早く元気になってもらいたかったんです。私がディエゴとの体験から知ったのは、人伝に聞いたことだけで誰かを判断することは絶対にできないということ。家族でも友達でもない立場から、彼を裁くことはできないのです」

2. El Diego de la gente

当時18歳、「マラドーナと新生アルゼンチン代表」の見出しとともに。(1979年5月発行「GENTE」より)

第3部

ディエゴは神なんかじゃない

Diego no es Dios

ブエノスアイレス市内にあるストリートアート。

母国の代弁者か、最も人間に近い神か？

¿El abanderado ó el más humano de los dioses?

アルゼンチンにおけるマラドーナは、「ひとりのサッカー選手」という域を遥かに超えた存在だ。86年ワールドカップを機に、彼はただのサッカー選手ではなく「神」となった。スペイン語で神を意味する単語「ＤＩＯＳ」と、彼の背番号である10を文字って「Ｄ１０Ｓ」という造語まで作られ、今やすっかりマラドーナの代名詞となっている。

ここで強調しておきたいのは、86年ワールドカップで神となった理由が「サッカー以外の要素」にもあったということだ。私は、それこそが決定的な理由だったと断言してもいいと思っている。

その理由を説明するのに最適な歌がある。２０００年6月に27歳の若さで交通事故死したアルゼンチンの人気歌手ロドリーゴがマラドーナに捧げた「La Mano de Dios」（神の手）という賛歌だ。

「逆境と戦いながら生きよという神のお告げのもとにスラム街で生まれ、渇望と野望を抱きながらいつかはプロになってワールドカップに出ることを夢に見た少年」が「誰よりも優れていたばかりに、そして権力に魂を売らなかったばかりに十字架を背負う」運命を辿り、「白い誘惑（コカイン）の謎めいた味と禁断の悦び」を知るという、マラドーナの半生を生々しくも忠実に要約した歌詞。これをロドリーゴの出身地であるコルドバの音楽クアルテートの軽快なリズムと哀愁漂うメロディに乗せ、情熱と情緒が溢れる歌となっている。

その中で鍵となるのは、サビを締め括る次の一節だ。86年ワールドカップにおけるマラドーナの偉業の真義たるものを、たった10個の単語で完璧なまでに表現している。

Sembró alegría en el pueblo, regó de gloria este suelo.
（人々に悦びの種をもたらし、この地に栄光の水を撒いた）

欧州からの移民によって築かれ、南米のパリと呼ばれる美しい街ブエノスアイレスを首都とし、食料自給率２００％という肥沃の地を持ちながらも、汚職に塗れた政治、国民の40%を占める貧困、杜撰な管理による財政難といった問題を常に抱えるアルゼンチン。いくら欧州の末裔を気取っても、植民地として収奪された歴史と、あらゆる分野において祖先の国々の水準には及ばない現実から生じる劣等感とコンプレックスは名状し難い。アルゼンチン人が国際舞台で見せるメンタルの強さや意地は、先進国に対する羨望と嫉妬の混ざった複雑な感情の現れでもあるのだ。

マラドーナは86年ワールドカップで、そんな母国の人々の気持ちを代弁した。まず、多くの若い兵士たちが命を落としたフォークランド（アルゼンチンでの呼び名はマルビーナス）紛争の仇討ちとして、イングランド相手に「神の手」と「5人抜き」ゴールを決めた。忌まわしい紛争から4年の月日を経ても尚、アルゼンチンの人々の心に深い傷となって残されたままとなっていた悲哀と痛恨の念を痛快なゴールで癒した功績は、マラドーナを一気に国民的英雄の座に押し上げた。

そして世界を牛耳る先進国=権力に立ち向かうリーダーの如く、準決勝でベルギー、決勝で西ドイツと欧州の国々を次々となぎ倒してアルゼンチンを世界一の座に導いた瞬間、母国に「悦びの種」と「栄光の水」を撒き、人々が半永久的に世界に誇ることのできる富を与えて「神」となったのである。

当時19歳、「600万ドルの価値」と報じられた。
（1980年5月発行「GENTE」より）

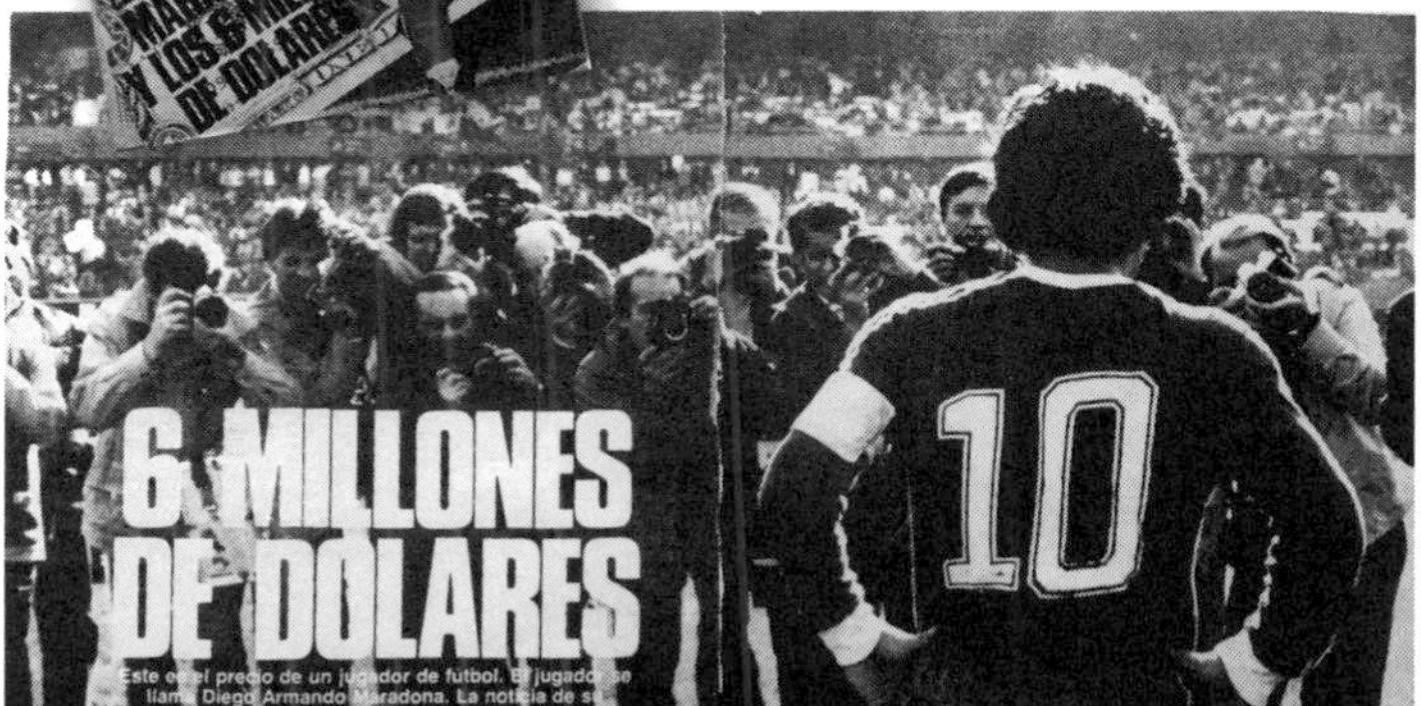

では、マラドーナは本当に「神」だったのだろうか。

ウルグアイの文豪エドゥアルド・ガレアーノは生前、マラドーナについて次のように表現した。


「ディエゴ・アルマンド・マラドーナが崇拝されたのは、その天才的な技術だけでなく、汚れた罪深い神、最も人間に近い神だったからだ。

誰もが彼に人間の、少なくとも男の弱点を見出すことができるだろう。

女たらしで、大食いで、酒飲みで、ずるくて、嘘つきで、見栄っ張りで、お調子者で、無責任で。

だが、神の世界に引退はない。いかに人間的な神であっても、だ。

彼は群集の中のひとりの人間として生まれながら、二度とそこに戻れなかった。

自分を貧しさから救ってくれた名声そのものにより、囚われの身となってしまったのだ」

――エドゥアルド・ガレアーノ著『Cerrado por Fútbol』より

この文章は、ガレアーノを敬愛していたマラドーナ本人も「自分をありのままに描写したもの」として痛く気に入っていた。我々と同じごく普通の人間なのに、サッカーが巧過ぎたばかりに神扱いされ、二度とその立場を放棄できなかった。そして、やがて薬物やアルコールの力を借りなければ耐えられないほど名声に苦しめられ、「囚われの身」となった。「最も人間に近い神」とは結局、「神となった故に苦しんだ人間」に過ぎなかったのだ。

だが、これから紹介する「神となってしまったディエゴ」と多くの時間を共有した人たちの証言からは、神と比較するガレアーノの描写さえ的外れだと感じるような、情味溢れる人間像が浮かび上がってくる――。

「マラドーナなんか糞食らえ！」

"¡Maradona y la puta que lo parió!"

マラドーナが15歳でプロデビューした時にチームのキャプテンを務めていたリカルド・ペジェラーノは、「ディエゴの壮絶な人生はあの頃からすでにはじまっていた」と語る。

１９７６年当時のアルヘンティノスは２部降格の危機にあった上、深刻な赤字を抱えていた。ところがマラドーナが１部リーグでプレーするようになると、「10代の天才選手」の存在はたちまち広く知れ渡り、国内外のクラブから次々と親善試合に招待された。そして、クラブはその興行収入によって多額の収益を得るようになった。

「とにかくあちこちに行ったよ。アルゼンチン国内の地方都市はもちろん、ウルグアイやチリといった隣国からコロンビアまでね。遠征中はまるでロックスターと一緒にいるみたいな感覚だったな。どこに行ってもディエゴは大人気で、行く先々で群集に囲まれてチームバスが動

3. Diego no es Dios

1978年、17歳。アルヘンティノスのスタジアムにて。(Photo by Ricardo Alfieri)

けなくなるなんてことがしょっちゅうあった。私たちはそんな光景を目の当たりにするたびに、ディエゴの知名度の高さに感心したものだ。今のようにSNSもなければ、テレビさえない家庭も多かった70年代後半の話とは思えないだろう？　しかもリーベルプレートやボカ・ジュニオルスみたいなビッグクラブじゃなくて、アルヘンティノス・ジュニオルスなんだよ？　それなのに、チームウェアを着て外を歩こうものなら、そこにディエゴがいなくても、瞬く間に大勢の人が集まって来て大騒ぎになったんだから」

外はおろか、ホテルの中でさえゆっくり過ごせないこともあった。潜入したファンでロビーがごった返しになったり、他の宿泊客が廊下で待ち伏せているようなことも頻繁に起きた。

「そうなると部屋から出ることさえできなくなって、各自がベッドの上で食事をしなければならない時もあった。遠征先では大抵ホテルの部屋から練習場とスタジアムに直行するだけだったよ」

そんな状況でも、マラドーナは可能な限り集まるファンの要望に応じていた。服を引っ張られ、腕や肩をつかまれながらもサインをし、カメラを向けられれば極力笑顔を見せた。

「ある時なんて、ずいぶん長い時間サインをしたあとでその場を去ってから、困ったような顔でうつむいていたんで、いったいどうしたんだと聞いたら『あそこにいた全員にサインをしてあげられなかった』なんて言いながら塞ぎ込んでいた。まるで自分を責めるかのようにね。

200人にサインをしても、201人目から『サインをもらえなかった』と文句を言われるような状況に、君だったら耐えられるかい？　卑怯で愚かな人間だったら、文句を言われようが気にならないだろう。でもディエゴは違った。優しくて賢い子だったから、自分が引き起こす熱狂の重みを理解し、責任を感じていたんだ」

デビューした直後から名声の重荷を背負ってきた後輩を傍でずっと見守っていたペジェラーノにとって、「特に印象強かった」というエピソードがある。

ある遠征で、チームバスが滞在先のホテルに到着すると、入口周辺にはいつものように大きな人だかりができていた。興奮して窓ガラスを叩く者、紙とペンを見せながらサインをせがむ者、スターを近くで見ようとしてガードを作る警備員と揉み合いになる者。その光景を見るなり、マラドーナは突然大声で叫んだ。

「マラドーナなんか糞食らえ！」

その一言だけを吐き出すと真っ先にバスから降り、自ら群衆の中に飛び込んで行って黙々とサインをしはじめた18歳の若者の姿を黙って見届けるしかなかったことに、ペジェラーノはそれまで経験したことのないやるせなさを感じたそうだ。

「マラドーナ」としての自分を罵りながらも受け入れていくしかなかった運命。貧民街フィオリートで育った少年があっという間にスター選手になった裏では、内に秘められていた屈強なメンタルとリーダーシップをわずかな期間に搾り出さなければならない苦労があった。だがペジェラーノはそれを知りながらも、決して同情はしなかったという。

「あの頃のディエゴにそんな自覚はなかっただろう。あの子は悩みながらも、大好きなサッカーをしながら、自分の運命をごく自然に受け入れていたんだ。本当に強くて、頼もしかったよ。ピッチの中でも外でもね」

マラドーナがプロのサッカー選手として成功したかった唯一の理由は、本来「家族を幸せにすること」だった。1977年、16歳の時にアルゼンチンのスポーツ誌「エル・グラフィコ」に掲載されたインタビューでもこのように語っている。

「親父にはもう仕事をしないで休んでもらいたい。僕の望みはそれだけだ。もしこのまま（自分のキャリアが）うまく行けば、家族全員の生活を保障してあげることができるのだから」

だがそれだけでは物足りず、マラドーナは世界中の人々を幸せにした。サッカーを通じて得た名声を使い、あちこちに救いの手を伸ばした。ペジェラーノは力を込めて言う。

「ディエゴが障がいを持つ子どもたちを何人もキューバに送って治療させたことなんて、誰も知らないだろう。いったいどれだけの人を助けたと思う？　きっと自分でも覚えていなかったに違いない。何もかもを背負い過ぎた。でもその道を選んだのは、ディエゴ自身だったんだ」

81年にアルヘンティノスを去り、バルセロナとナポリに在籍していた頃は一時的に連絡が途絶えたものの、ペジェラーノの存在はマラドーナにとって重要なものであり続けた。アルゼンチンに戻って国内のクラブ、マンディジューとラシンの監督を務めた際にペジェラーノをアシスタントコーチに従えたことからも、いかにキャプテンを頼りにしていたかがわかる。ペジェラーノは指導者となった弟分を傍で見守り、サポートし続けたのだ。

「実はディエゴがアルゼンチン代表監督に就任した時も、スカウティングを担当してほしいと頼まれた。でもあの時は他のスタッフへの配慮もあって遠慮したんだ。ディエゴは私の手書きのレポートが好きでね。それを使って対戦相手を熱心に研究していたものさ。ディエゴのことを試合前に何の準備もしない監督だと言う人がいたけど、それは大間違いだ。監督としてのディエゴも推薦するかって？　もちろんだとも」

美しい頭脳のリーダー

El líder con una mente brillante

「Una Mente Brillante」（ウナ・メンテ・ブリジャンテ）。総合失調症と戦いながら研究を続けたアメリカの数学者ジョン・ナッシュの半生を描いた映画「ビューティフル・マインド」のラテンアメリカ版タイトルで、「美しい頭脳」を意味する。

とても好きな作品だったのでタイトルも印象に残っていたのだが、アリエル・クラソウスキがマラドーナを描写するためにこの言葉を使った時、正直「やられた」と思った。それまで自分が思いつかなかったことを悔やんだのだ。

なんと素晴らしい表現だろうか。マラドーナを説明するのに、これほど簡潔で的確な言葉を聞いたのははじめてだった。

マラドーナが優れた頭脳の持ち主であったことについてはパラディーノ医師の話にもあった

とおりだが、亡くなる3週間前に受けた手術の執刀医パブロ・ルビーノも、脳医学的な視点からマラドーナの秀逸した脳に感嘆したらしい。これはアルヘンティノスのサポーター、ディエゴ・デシレーロが偶然にもルビーノ医師の幼馴染であったことから彼を通じて聞いた話で、公にはなっていない。パラディーノ医師も「現役時代にマラドーナの脳を解析していたらどれほど興味深いデータが出ただろう」と言ったが、元チームメイトによる「美しい」という表現には、いかなる数値をも超える敬愛を感じた。

クラソウスキは元ウルグアイ代表のMFで、81年にはボカ・ジュニオルスでマラドーナと一緒にプレーした。欧州でのプレー経験がないため国際的な知名度は高くないが、マラドーナとほぼ同じ時期にボカに入団し、当時、実績ある煌びやかなメンバーが揃ったチームにおいて、加入後間もなくレギュラーの座を勝ち取り、その後通算7シーズンにわたってプレーした。

彼がマラドーナにはじめて会ったのは、1977年4月にベネズエラで開催されたU20南米選手権の初戦アルゼンチン対ウルグアイ戦でのこと。この試合では開始早々、ウルグアイのDFビクトル・ディオゴがボールを奪おうとして思い切り蹴り上げたスパイクでマラドーナのシャツとトランクスを破くという一幕があった。

「あの時マラドーナはまだ16歳でしたが、私たちはすでに彼が天才的な選手だと知っていたので、監督からの指示は『とにかくマラドーナにボールを持たせないこと』でした。そこでディオゴは、彼がパスを受けようとしたのを見て飛び掛かって行ったんです。ユニフォームが破けたことにも驚きましたが、それ以上にディオゴの当たりを受けてもびくともせず、何事もなかったかのように突っ立っていたマラドーナにびっくりしましたね」

アフリカ系ウルグアイ人のディオゴは、身長こそそれほど高くないものの、首が太くて胸板も厚いタフな巨漢選手だった。私も1982年トヨタカップでペニャロールの一員として来日したディオゴを国立競技場で観た時、アメリカンフットボールの選手かと思ったほどだったが、そんなディオゴから蹴りを入れられてもマラドーナは倒れなかったのだ。

「小柄なのに、簡単には潰すことのできない強さがありましたね。私たちはマラドーナの完封に成功して、結果は1－1のドローでした。あの大会でウルグアイは優勝して、その後チュニジアで開催された第一回ワールドユース（現FIFA U－20ワールドカップ）の出場権を得たのですが、チュニジアに向けて出発する前の壮行試合でアルヘンティノス・ジュニオルスと対戦して1－5で負けたんですよ。マラドーナに文字通り振り回されたゲームでした。彼にとっては個人的なリベンジになったわけですが、なぜウルグアイサッカー協会がよりによってマラドーナのいるアルヘンティノスを壮行試合に招待したのかは今でも理解できません」

それから4年後、クラソウスキはマラドーナとボカで再会することになる。てっきり「自分

1981年、ボカ・ジュニオルス時代。マラドーナの後ろがクラソウスキ。(Photo by Bob Thomas／Getty Images)

のことなど覚えていないだろう」と思い込んでいたが、トレーニング初日にロッカールームで着替えていると、マラドーナが笑顔で近寄って来た。そして、古い友人と久しぶりに会ったかのような心のこもった温かいハグをしたあと、おもむろに肩に手をまわし、内緒話をするように顔を近づけてこう聞いた。

「ところで、俺に犯罪級のファウルをしたあいつは元気か？」

マラドーナはクラソウスキと対戦した時のことも、その試合でユニフォームを破かれたことも、すべて覚えていたのである。

「今のように動画サイトでいつのどの試合も見られるような時代ではなかったのに、アルヘンティノスとアルゼンチン代表で何百試合もこなしていた彼が、私がすっかり忘れてしまっていた細かいところまでよく覚えていて、改めて驚きましたよ。サッカーが巧い人は記憶力も優れているものなのだなと感心しました。でも、それだけではなかったのです」

ピッチの外で見せるマラドーナの優越性が記憶力だけに留まらないと気づいたのは、クラソウスキにとってボカでの2試合目となった1981年3月25日、リーグ戦でサン・ロレンソと対戦した時のことだった。前半を0－0で終えてロッカールームに向かっていると、マラドーナは突然ボカのシルビオ・マルソリーニ監督をつかまえて言った。

「シルビオ、すみませんがちょっと廊下で待ってもらえますか。僕、仲間たちと話をしたいんです」

クラソウスキは呆気にとられた。いくらマラドーナとはいえ、立場的には自分と同じ新入りの若者が、ハーフタイムに監督を外してミーティングをしたいと申し出たのだ。しかもマルソリーニ監督は現役時代もボカで活躍したレジェンドで、チームにはホルヘ・ベニーテスやミゲル・アンヘル・ブリンディッシといったベテランもいる。わかりやすい例えを挙げるとしたら、よそのクラブからレアル・マドリードに来た20歳の新人が、ジダンを締め出して、セルヒオ・ラモスやベンゼマを差しおきチームメイトと話したいというようなものである。

監督のいないロッカールームで、マラドーナはチームメイトたちに向かって「なぜ僕にパスを回さないのか」と訊いた。徹底的なマークを受け、前半の間にボールに触れた回数は数えるほどしかなかったと不平を言う新人にベニーテスが「だって君の周りには常にマーカーがいるじゃないか」と指摘すると、マラドーナはこう言い切った。

「僕の周りには生涯マーカーがつきまとう。僕は一生その重荷を背負うことになっているんだ。だからとにかくボールをくれ。あとは自分で何とかする」

その言葉に全員が黙って頷いたのを見届けると、マラドーナはロッカールームのドアを開け、「終わりましたよ、マエストロ（監督）」とマルソリーニ監督を中に入れた。そして後半、チームメイトからパスが回るようになると、マラドーナは「彼にしかできない動き」でマークを外して何度も決定機を作り、チームは1－2の勝利をおさめた。

「あの時私は、彼はただサッカーが巧いだけではなく、厳しい状況に身を置くことを恐れない強さと求心力を持った生まれながらのリーダーだとわかったんです。団体スポーツにおいて、ひとりでチームを勝たせることができる天才でした。まわりを奮い立たせ、機転をきかせて問題を解決し、団結させる術も知っていました。明らかに『美しい頭脳』の持ち主でしたね。マーカーだけでなく、目には見えない責任やプレッシャーも背負いながらプレーしているのを見て、私は生まれてはじめて、自分よりも年下の人に対して尊敬の念を抱いたものでした」

だがクラソウスキは、「ディエゴのような人生は絶対に送りたくない」とも思ったと言う。

それは、遠いアフリカの地で体験したある出来事がきっかけだった。

アルヘンティノスと同様、ボカもマラドーナを連れて世界各地で親善試合を行なった。82年1月に日本で開催されたゼロックス・スーパーサッカーでの日本代表戦3試合もその中に含まれるが、その3か月前にはコートジボワールまで遠征している。

「巡業の合間にリーグ戦をこなすという強化日程だったので、遠征に行くメンバーはディエゴを除いてチームの中でローテーションしていました。でもある日、ロッカールームで論争が起きたんです。誰もコートジボワールに行きたくなかったんですよ。私自身は知らない国を訪問するのが楽しみだったので行く気満々だったのですが、『どんなサッカーをするのかもわからない相手と試合をしたくない』という意見が多くて、メンバーが決まるまではかなり揉めました。当時アルゼンチンでは昼間に行なわれたリーグ戦の一部が夜9時過ぎにやっと放送されるような状況でしたから、海外のサッカー、しかもアフリカのサッカーを見る機会など皆無でしたからね。『アフリカ人もサッカーをするのか？』なんて恥ずかしい冗談を言うチームメイトもいたほどですから」

ボカの一行はダカール経由でコートジボワールの当時の首都アビジャンに向かった。長旅を経てようやく目的地が近くなったことが告げられ、クラソウスキは機体の高度がどんどん下がっていくのを感じながら窓から外をのぞき、はじめて訪れるアフリカの大地が間近に迫って来るのを見ていたが、そこで突然、隣に座っていたベニーテスに腕を強くつかまれた。着陸寸前にあった飛行機が滑走路の上で急上昇したのである。

「空の旅には慣れているはずのベニーテスが何度も『もう駄目だ、落ちるぞ』と言って腕を放さないので、クルーを呼び止めて何があったのかと聞いたんですよ。すると『着陸できるように滑走路が空くのを待っているだけなので安心してください』というではありませんか。てっきり直前に着いたフライトがまだ滑走路に留まっているんだろうと思いました。最終的に無事に着陸したのですが、そこで信じらない光景を見たのです。私たちが乗っていた飛行機の間近に、大勢の人が群がっていたんですよ」

機体が急上昇した原因は、マラドーナ見たさに集まった群衆だった。彼らは鉈を手にした警備隊をも恐れず柵を乗り越え、なんと滑走路まで入り込んでいたのである。人々は一時的に退去させられたものの、飛行機が着陸した途端、再び近づこうとして警備隊と押し合い圧し合いとなり、なかには鉈の柄で叩かれている者もいた。

「はっきりはわかりませんが、千人くらいはいたんじゃないかと思います。窓からその狂気の沙汰を眺めながら、私はベニーテスに言ったんですよ。これは末恐ろしいと。はじめて訪れる国の人々をこんなに熱狂させる20歳の若者が、全盛期になったらいったいどんなことになるのか。地球上で愛されるサッカーの影響力を思い知ったと同時に、その世界でスターになることの恐ろしさを感じました」

警備に守られながら空港の中を歩いている間も、大勢の人たちが「ディエゴ!ディエゴ!」と叫びながらマラドーナの周りに群がる。クラソウスキは、その様子を見たブリンディッシが「ブエノスアイレスに帰ってからこのことを話しても誰も信じないだろうな」と独り言のように呟くのを聞いた。80年代初頭、アルゼンチン人にとっては完全に未知の国だったコートジボワールで、マラドーナの乗った飛行機が着陸不可能になるほどの熱狂が巻き起こるとは、いったい誰が想像できただろう。

「でもディエゴは落ち着いていましたよ。自分の姿を一目見ようと迫り寄せる群衆にびくともせず、堂々と胸を張り、笑顔で愛想を振りまいて颯爽と歩いていました。誰よりも大きく見えましたね。私はその様子を後ろから眺めながら、ディエゴのようなサッカー選手は他にいないし、この先も出て来ないだろうと確信しました。他の者が怖気づいてしまうような状況でも、先頭に立って飛び込んで仲間を引っ張って行くようなリーダーは、少なくとも当時のサッカー界にはいなかったと思います。私たちもチームメイトとして、そんな怖いもの知らずなディエゴを様々な局面で守ってあげました。当時から、納得がいかないことがあればクラブの幹部にも強い態度で抗議していましたから。あれほどのスターがいるとグループとしての調和が崩れてもよさそうなものですが、あの時のボカはベテランから若者までが一体となって、素晴らしいグループを築いていました。私たちが親善試合をこなしながらもリーグ戦を制覇した原因は、グループとしての団結力と、そのリーダーがマラドーナだったこと。それに尽きますよ」

マラドーナと共有した時間について聞かれるたびに、クラソウスキはこう答えるのだという。

「私の人生における最高の体験はふたつ。ふたりの息子を授かったことと、ディエゴと一緒にボカで1年を一緒に過ごしたことなのです」

ディエゴは神なんかじゃない

Diego no es Dios

サッカー大国アルゼンチンでプロ選手になることは超難関だが、その度合いが具体的に理解できるデータがある。

ジュニアチームを経て、13～14歳で晴れて各クラブの下部組織と正式に契約を結び、厳しい競争の中で生き残りながらそのまま7軍（満16歳のカテゴリー）まで進んでも、そこからトップチームに到達するケースは全国平均でわずか3％しかない、というものだ。

無敵のロス・セボジータスでマラドーナとプレーした仲間たちはいずれも類まれな才能を持っていたが、彼らもやはり、全員がプロになったわけではない。仮にプロ契約までこぎつけたとしても、ゴージョのように怪我のせいで悲しい運命を辿った者や、熾烈な競争に負けて早々にキャリアを諦め、他の職業に生き甲斐を見出した者もいる。

だが、フランシスの教え子たちの中にはたったひとりだけ、マラドーナと一緒にU20アルゼンチン代表メンバーに選ばれ、日本で開催された79年ワールドユースに出場した選手がいた。華麗な攻撃陣を揃えたロス・セボジータスのメンバーの中では目立たない存在で、伝説のエビータ大会にも出場していないが、後にアルヘンティノスの下部組織で実力をつけ、マラドーナと同じ時期に8軍から5軍に飛び級した経歴を持つアベラルド・カラベリだ。

少年時代から20歳になるまでアルヘンティノスのチームメイトとして時間を共有した彼ほど「素顔のディエゴ」を知っている人はいないだろうと思い、私はコンタクトを取った。そして、「あなたは神と呼ばれたマラドーナと……」と切り出したところで、いきなり窘《たしな》められた。

「いや、ディエゴは神なんかじゃない。私は彼を神だなんて思っていないし、神のように扱われる風潮も大嫌いだ」

カラベリは、マラドーナよりも2年遅い1971年、11歳の時にアルヘンティノスに入団した。フランシス率いるカテゴリア60と、そこでプレーする天才的な10番がジュニアサッカー界ですでに噂になっていた頃だ。

「はじめてディエゴに会った時は、おとなしい子だなという印象を受けた。ケラケラとよく笑う明るい子だったが、口数は少なくて、話す時もとても小さな声でね。ところがボールを持たせたら別人のように変身したんだ。大きな声で周りに指示を出して、誰かがミスをしたら励まして、そしてとにかく巧くて強かった。あのチームには技術的に優れた選手が揃っていたが、ディエゴは全然違ったね。ボールが身体の一部になっていて、いつもどこに誰がいるか見えていて、小さな身体からは想像できないほどの強さがあった。集中的にマークされても、常に相手を先取る動きで競り勝っていたんだ。あれはフィオリートで大人と一緒にサッカーをやりながら鍛えられた感覚だったに違いない」

マラドーナがフィオリートで鍛えられた強さの中には「反骨精神」もあった。カラベリは、それこそがマラドーナを象徴するものだったと言う。

「試合の時、私たちはいつも相手の選手がディエゴを蹴飛ばすのを待っていたんだよ。キックオフからできるだけ早いタイミングにね。とにかくディエゴを蹴って欲しかった。なぜかって？　怒らせるためだよ。ディエゴが怒ったら、手のつけようがないほどもっとすごいプレーを見せてくれたものさ。元チームメイトたちにも聞いてみるといい。きっと同じことを考えていたはずだから」

アルゼンチンのジャーナリストたちによる「怒ったマラドーナは通常の10倍ほどパワーアップする」という類の定義は私も何度か耳にしたことがあったが、長年にわたって同じピッチで戦ったカラベリの証言ほどその裏付けに相応しいものはない。彼の話を聞きながら、86－87

1979年のワールドユースで来日したアルゼンチン代表。マラドーナとプレーしたカラベリ(後列左から2人め)。(Photo by Masahide Tomikoshi / TOMIKOSHI PHOTOGRAPHY)

シーズンのナポリでのマラドーナなどはその典型だったかもしれないと思った。

無口だが反骨精神に満ち溢れた少年は、ジュニアからユース世代に進んだ頃からだんだん本性を見せはじめる。

「ある日、9軍（満14歳のカテゴリー）のテストマッチで、フランシスから指示を出されたのに、ディエゴは納得できなかったらしくて聞かなかった。しばらくするとベンチから『ペルーサ！　言うことを聞かないと交代させるぞ！』と怒鳴り声が飛んで来た。それでもディエゴが無視し続けたので、フランシスは本当にディエゴを下げてしまった。私たちは顔を見合わせてびっくりしたよ。試合中にディエゴを下げるなんてありえないことだったからね」

翌々日のトレーニングにマラドーナは無断欠席した。誰よりも練習熱心なマラドーナが理由も告げずに休んだことなどなく、不思議に思った仲間たちはフランシスに問い合わせたが、監督の返答は「わしは何も知らん」の一辺倒。当時トレーニングは毎週月、水、金の3回行なわれていたが、結局マラドーナはその週一度も姿を現さなかった。

「ディエゴもフランシスもどちらも相当の頑固者だったから、互いに折れようとしなくてね。でもその週末、アルヘンティノスはリーグ戦でとても大事な試合を控えていたからこのままではまずいと思い、私は仲間たちと一緒にフィオリートまで行くことになった。そしてディエゴを家まで訪ねて、チームに合流してくれと頼み込んだんだ。『フランシスが頑固なのはみんなわかってる』、『彼も悪かったと思っているから』と、今思えばまるでカップルの喧嘩の仲裁をしているようだったな。結局、試合当日にディエゴが現れてフランシスと話し合い、最終的には謝ってすべて解決した。あの頃からディエゴは、自分が納得いかなければ目上の人にも態度で示すようになっていたんだ」

カテゴリア60はその翌年、8軍のリーグ戦を制覇しているが、優勝直前にマラドーナがテレビのインタビューに答える映像が残されている。14歳のマラドーナが将来の夢について語る有名な映像なので、見たことがある人も多いのではないだろうか。

そのインタビューでマラドーナは「僕の夢はふたつある。ひとつはワールドカップに出場すること、もうひとつは優勝すること」と語っているが、世界中で出回っているバージョンは「優勝すること」と言った直後にカットされ、まるで夢が「ワールドカップで優勝すること」であったかのようになってしまっている。アルゼンチンでも長年にわたってそう解釈されていたのだが、およそ40年の月日を経てこの映像の続きが公表され、ワールドカップではなく「このまま8軍で優勝すること」と話していたことが発覚している。

「あの頃の私たちにとってはとにかく、昔から一緒にやってきた仲間たちとアルヘンティノスでプレーすることが最高の幸せだった。だから例のインタビューで将来の夢が『8軍での優勝』

と答えていたというのは、ちっとも不思議じゃない。まさかその翌年にディエゴも私も5軍に引き上げられるとは思ってもいなかったよ」

その後マラドーナは、5軍の試合に出場するまでもなく1軍に引き抜かれてプロデビューし、翌1977年には16歳でレギュラーに定着。1978年にはセサル・ルイス・メノッティ監督によってアルゼンチンA代表にも招集され、文字通り瞬く間に「スター」となった。

そして、ジュニア時代は陰に隠れていたカラベリも、18歳で1軍入りを果たした。幼馴染と久しぶりに一緒にプレーすることとなり、マラドーナも大喜びだったという。

「ディエゴは想像していたとおりのプロになっていた。『想像以上の』と言わないのは、昔のディエゴを知っている私たちは彼が『想像を超える選手になることを十分想像していた』からだ。そして、良い意味で昔のままだった。あれほどの才能を持っているのに、絶対に自分だけがスポットライトを浴びようとしない仲間思いの一面はまったく変わっていなかったんだ。FWの選手たちがディエゴのおかげで面白いようにゴールを決めることができたのも相変わらずだった」

同じような話はペジェラーノからも聞いていた。1977年のリーグ戦で得点王になったカルロス・アルバレスについて、ペジェラーノは「あいつが得点王になれたのはマラドーナのおかげ」と言ったのだ。アルヘンティノスでの実績から優れたストライカーとして評価されたアルバレスはその後ボカに移籍したが、60試合で15得点をマークしただけに終わっている。

「昔からそうだった。自分のことより仲間のことを先に考えるんだ。ゲーム中にチームの誰かが荒いファウルを受けたり茶化されたりしようものなら激怒して、まるで家族が攻撃されたかのように必死になって抗議したものさ。それもピッチの中だけじゃない。巡業に出る時も、ディエゴは試合前にチームメイトたちに報酬が支払われたかどうかを必ず確認していた。『仲間たちが金を受け取るまで絶対に試合には出ない』と言い張ってね。19歳の若者がチームのためにクラブ役員を相手に戦うなんて普通じゃない。影響力があっただけではなく、ディエゴはそれに見合った行動力と決断力も持っていたんだ」

１９８０年にグレミオとの親善試合のためアルヘンティノスがブラジルに遠征した時にはこんなこともあった。マラドーナは口先だけの人を毛嫌いしていたが、その理由がよくわかるエピソードだ。

「私たちはいつものように、ディエゴのおかげで試合前にボーナスを受け取っていたから、その金を持ってテレビを買いに行った。当時アルゼンチンではカラー放送を見るためにはＰＡＬ方式のテレビが必要で、国内ではなかなか手に入らなかったから、ブラジルから調達するのが流行っていたんだ。『これで白黒放送とはおさらばだ』とみんなで喜んでいたら、いつもは明るいトレーナーのガリンデスがやけに塞ぎ込んでいるじゃないか。どうしたんだって聞いたら

『自分はテレビを買えない』と。ボーナスをもらったのは選手だけだったからね。すると翌朝、ディエゴがテレビを持って現れた。誰にも何も告げずにホテルを出て、前の日にみんなで行った家電店に戻り、ガリンデスのために買って来たのさ」

カラベリは、マラドーナが広い心を持ちつつ、人一倍繊細だったことも強調する。

「毎日山のように届くファンレターを、時間さえあれば一通ずつ真剣に読んでいたよ。ある時なんて、地方に住んでいる女性から、金がなくて家を失ってしまったので助けてほしいと書かれた手紙を受け取って、私に『なんて返事を書いたらいいと思う?』と相談してきたこともあった。そこで私は言ってやったんだ。全員を助けることなんて無理だし、君ひとりが助ける義務もないと。でもディエゴは納得できなくて、手紙を見つめながらしばらく考え込んでいたよ。そういう奴だった。困っている人がいたら、何とかしてやらなければいられない性分だったんだ。サッカー選手として素晴らしいプレーを見せるだけで十分だったはずなのに、それ以上の何かをやらなければいけないという感情を抑えられなかった。本当に大きな心の持ち主だったんだ。ディエゴは子どもの頃、フィオリートから外の世界に飛び出した時、その心を守る『鎧』をつけていた。無口で恥ずかしがり屋だったのもそのためだ。ところが、成長してその鎧を脱ぎ捨てた途端にいきなり責任を背負わされたのさ」

カラベリがフランスでプレーしていた1988年、UEFAカップでナポリがジロンダン・ボルドーと対戦した際に再会。(提供:Abelardo Carabelli)

79年に日本で開催されたワールドユースに向けて、カラベリはマラドーナと一緒にU20アルゼンチン代表に招集される。前年のワールドカップで自国を初優勝に導いたメノッティ監督は「テクニック重視の美しい攻撃的サッカー」でアルゼンチン代表チーム再建を成し遂げた名将だが、「決して難しいことは要求しない、とてもシンプルなメッセージを伝える指導者だった」と語る。

「サッカーは楽しく『遊ぶ』もの、というコンセプトのもとで私たちはとても有意義な体験をした。ディエゴは78年ワールドカップの前にアルゼンチン代表から外された直後はセサル（メノッティ監督）に対して悪態をついていたが、U20代表での経験を経て完全に惚れ込み、その後はセサルを崇拝していたからね。日本の人たちがアルゼンチンを応援してくれたことは信じられないほど嬉しくて、私とディエゴはアルヘンティノスに戻ってから日本での素晴らしい体験をみんなに話したんだ。フランシスも、私たちが世界チャンピオンになったことをそれはそれは喜んでくれたよ」

81年、マラドーナはボカに、カラベリはタジェレス・デ・コルドバに移籍し、ふたりは長年一緒に過ごした思い出のクラブを去った。新天地での最初の試合がボカ対タジェレスだったのは、運命のいたずらのようだった。

「信じられなかったよ。ずっと自分の味方だったディエゴと対戦するのは妙な感じだった。

こっちは新しいチームでいいところを見せなきゃいけなくて必死なのに、マークする攻撃陣にディエゴがいるなんて洒落にもならない。股抜きでもやられたらたまったもんじゃないだろう？　敵に回したらどれほど恐い存在かは十分知っていたから、ディエゴが自分のサイドに来るたびに『おい、反対側に行けよ』って言ってやったよ」

カラベリが語る「ディエゴ」を聞いているうちに、なぜ「神」の呼び名を嫌うかが自然にわかったような気がした。あえてその理由は聞かずにいると、カラベリはそれを察したかのように言った。

「私にとってのディエゴは神からは程遠い存在だ。フィオリートからやって来た恥ずかしがり屋のちびっ子で、サッカーが抜群に巧くて、頼りがいのある最高の友人であり、最高のチームメイトだった。間違ったこともしただろう。でもそれは、この世に生きるすべての人と同じ。私も、君も、誰もが過ちを犯す。でも私たちはディエゴではないから、世間から責められることも、責任を背負うこともない。ただそれだけのことだ。ディエゴは、ボールを使って多くの人々を幸せにした偉大な『ひとりの男』に過ぎなかったのさ」

「このユニフォーム、まだ欲しいかい？」

¿Todavía la querés?

私がダニエル・アルクッチとはじめてコンタクトを取ったのは、2001年のこと。当時『マラドーナ自伝』の翻訳をしていた私は、文中に時折出て来るマラドーナ独特の言い回しに困惑し、何度もつまずいた。スペイン語がわかり、アルゼンチンサッカーの知識にも自信があり、難なく翻訳できるだろうと思っていたが、「マラドーナ語」を完璧に日本語に置き換えるのは難しく、自分の考えはずいぶん甘かったと認識した。

例を挙げるときりがないが、ひとつだけ代表的なものを紹介するとすれば「亀を逃がす」という表現。最も有名なマラドーナ語のフレーズで、直接的には「亀を逃すほど愚かである」を意味するが、マラドーナはこれを「間違える」、「過ちを犯す」という意味合いで使うこともあった。こうなると、アルゼンチンのスペイン語を母国語としない私がニュアンスだけで適当に訳すわけにはいかず、かといってマラドーナ本人に確認することもできない。訳に自信がない箇所をリストアップし、自伝の執筆者であるアルクッチに私の解釈が正しいかどうかをひとつひとつ確認してもらうこととなった。以来、長年マラドーナを取材してきた先輩として、原稿や本を書く際に非常に意義深いアドバイスを与えてくれる。

「俺はマラドーナの友達だった」と豪語するジャーナリストはアルゼンチンに何人もいるが、マラドーナが単なるサッカー選手ではなかったように、アルクッチはただの「マラドーナと親しいジャーナリスト」ではない。自分を「マラドーナの友達」と宣伝するような真似はせず、過去35年にわたる交流の中であくまでも「記者と取材対象」の間柄を尊重し、常に至近距離からマラドーナを見守ってきたその洞察力の鋭さから、「ディエゴ・アルマンド・マラドーナ」という人物を人間的にも分析し、理解し、的確に描写できる人だ。マラドーナ本人からも「ダニーは俺のことを忠実に書いてくれる」と太鼓判を押されていたほどで、私は彼が「マラドーナ以上にマラドーナを知っていた」とさえ思っている。

アルクッチがはじめてマラドーナを取材したのは1985年12月。当時、アルゼンチンのスポーツ専門誌「エル・グラフィコ」の駆け出し記者だったアルクッチは、デスクから大きな課題を出された。クリスマス・イブの夜をマラドーナと過ごす、というものだ。

カトリック教国のアルゼンチンにおいて、クリスマスの前夜は一年で最も重要な祝日。12月22日の夜、その大切な一時を家族と祝うため、故郷のプアンに直行する準備ができた状態で編集部の仕事を終えようとしていたその時、アルクッチはデスクに呼び出された。

「マラドーナの取材に行ってほしいと言われてね。しかも彼の家で一緒にクリスマス・イブを過ごして、テーブルにはどんな食べ物があって、家はどのように飾り付けられていて、何をプレゼントしていたかをすべて報告するという細かい指示が付いていた。新米だった私に、折が悪くて非現実的な、誰もやりたくない取材が任されたというわけだ」

24日の朝、マラドーナがナポリから到着した。早朝から空港で待ち伏せていたアルクッチは、瞬く間に大勢の報道陣に囲まれる取材対象を追い、マイクとカメラをかき分けながら足早に歩くが、マラドーナがフリーになった瞬間を狙って歩み寄り、取材を申し込んだ。

「『今晩、君がどんなふうにクリスマス・イブの夜を過ごすのかをレポートしたいんだけど』と持ちかけると、ディエゴは驚いた顔で『頭がおかしいんじゃないか？　クリスマスってのは家族と過ごすものだろう？　君たちメディアのやることは見境がないな』と言う。ごもっともだ。想定内の反応だったが、そこで諦めるわけにはいかない。しつこく食い下がるとディエゴが電話番号を教えてくれて、私はそれですっかり安心した。もう独占取材を遂行した気分になったんだ」

だが、現実は厳しかった。昼過ぎから何度電話をかけても、そのたびに「ディエゴはいない」と返される。どんどん時間が経過し、どの家庭でもクリスマス前夜のディナーを楽しんでいる頃、アルクッチはひたすら電話をかけ続けた。日本に当てはめるとすれば、大晦日の夜によその家を訪問したいと懇願するようなものだ。夜10時半、もうあとがない状況で、アルクッチは最後の賭けに出た。

「電話口に女性が出てきた。それがクラウディア（元マラドーナ夫人）だったとわかったのはあとのことだが、私は彼女に言ったんだ。自分はここから600キロ離れた町の出身で、この取材のために帰省せずブエノスアイレスに残ったと。そして今、クリスマスのお祝いもできなければ記事も書けない状態にあると。でもディエゴがいないと言い続けるなら仕方がない、良いクリスマスを過ごしてください、とね。するとクラウディアが『ちょっと待って』と言い、電話の向こうで何やら話す声が聞こえたと思うと、ディエゴが出てきたんだよ」

その時マラドーナから言われた言葉を、アルクッチははっきり覚えている。

「お前、馬鹿じゃないのか？　クリスマスに実家に帰らなかったってどういうことだよ。よく聞け、そんなことは何があってもやっては駄目だ。マラドーナのためであっても、誰のためでもだ。それにな、そんなことで俺から同情を買おうたって無理だぞ。俺は無視するからな。取材なんかさせない。今日は無理だ。でも……でも明日にしよう。俺は明日、お前が今までやったことのない最高の取材をさせてやる。明日の朝11時に来てくれ」

翌朝、アルクッチはマラドーナの自宅を訪ねた。マラドーナは、自分のせいでクリスマス・イブを孤独に過ごした新米記者を温かく迎え入れ、昼食を挟みながら夕方になるまで、ナポリのこと、アルゼンチン代表のこと、フィオリートでの幼少期のことなど、ありとあらゆることをたっぷり語り聞かせた。

「私はディエゴととても充実した時間を過ごした。あの日、ディエゴがとても家族思いで、自分が貧困層の人たち、弱い立場の人たちを代表する存在だと自覚していて、それを誇りに思っていることに気づいたんだ。35年経っても、ずっと変わらなかった一面だ。できあがった記事は、一番の目的だったクリスマス・イブの様子をレポートできなかったから編集部では不評だった。でもあの時プライベートを侵害せず、彼のスペースと時間を守ったことがきっかけで、ディエゴは私を信頼してくれるようになった。今の私があるのは、あの取材のおかげなんだ」

はじめてのインタビューを機にマラドーナから信頼されるジャーナリストとなったアルクッチには、数え切れないほどのエピソードがある。2001年にはそれらをまとめて一冊の本『Conocer Al Diego』（ディエゴを知るということ）を出版しているが、その後も続いた取材の中で、アルクッチは重要なことに気づいた。

1985年、マラドーナにはじめてのインタビューを申し込むアルクッチ(左)。
右はマラドーナの父ドン・ディエゴ。(提供:Daniel Arcucci)

「ディエゴは最後の最後まで、アルゼンチンの人々を喜ばせ、幸せにするために、86年ワールドカップで見せたイングランド戦での2ゴールを毎日繰り返さなければいけないと思い込んでいた」

アルクッチがそれを察知したのは2015年、マラドーナの自宅で行なわれたクリスマス・イブのパーティーに招かれた時だった。

「私は離婚したばかりで、海外在住の娘たちも傍にいなくて。ディエゴはそれを知って呼んでくれたんだ。『クリスマス・イブはひとりで過ごすもんじゃない』と言ってね。場所は偶然にも30年前と同じ、ビジャ・デボート地区のマンションだった」

家族と友人だけが集まる和やかなホームパーティーだったが、その途中、マラドーナは生バンド用に設けてあった小さなステージに立ってマイクを取り、まるで満員のスタジアムで大観衆に語りかけるかのように言った。

「皆さん、こちらはディエゴ・アルマンド・マラドーナ。イングランド戦で2ゴールを決めた男であり、ワールドカップの重さを知る数少ないアルゼンチン人だ」

アットホームな雰囲気の中での仰々しいスピーチに、その場にいた人は意表を突かれた。マラドーナは、なぜこんな自己紹介をしたのか。アルクッチは、この一言が「彼の潜在意識を明確に表していた」と語る。

「イングランド戦でゴールを決めて国民を幸せにしたことによって得た使命感と、ワールドカップで母国を世界一に導いて『神』となり、生きている間に神話を作ってしまったことの重み。あのスピーチを聞いた時、私は、ディエゴがずっとこのふたつに苦しんでいたと気づいたんだ」

アルクッチはそこで、86年ワールドカップの直前に会ったマラドーナと、優勝後アルゼンチンに帰国して数日後に会ったマラドーナが別人に見えたことを思い出した。

「それまでは『天才的なサッカー選手マラドーナ』だったのが、イングランドに勝ってマルビーナス紛争の仇をとってから『国の正義のために戦ったマラドーナ』になっていて、顔つきも、立ち振る舞いもすっかり変わっていたんだ。結局、いつまでもその『マラドーナ』の役割を果たさなければならないと責任を背負い続けることになった。誰かに言われたわけでもなく、自分でそう思い込んでしまったんだよ」

86年ワールドカップから、「人々のため」であることへのこだわりも一層強くなった。94年ワールドカップでドーピング陽性反応が検出されて大会から追放された時も、それを感じさせる出来事があったという。

「有名な『両足を切られた』の名言を残したテレビインタビューが行なわれたホテルの一室で、私は隅のほうで床に座ってディエゴの話を聞いていた。インタビューの前、集まった報道陣にディエゴから『俺が話している間は絶対に泣くな』という注意があったのに、私は我慢できなくてすすり泣いてしまって、あとで『泣くなって言っただろう！』って叱られたよ」

その後、他の記者たちと一緒にマラドーナとアルゼンチン対ブルガリア戦を観ていたが、マラドーナは途中で退席。アルクッチはホテルのロビーに下り、しばらく待機していたところ、マラドーナの代理人だったマルコス・フランチがやって来た。「ディエゴが君を待っている」とのことだった。

「実はフランチには、ずいぶん前からディエゴのユニフォームを催促してあって。ディエゴがワールドカップに出場するための準備をする前、本当に出場が決まったらユニフォームをもらうことになっていた。そこで私はディエゴの部屋に行き、ドアをノックすると『開いてるから入れ』と。そこで見たディエゴの姿は、一生忘れられない。シャツのボタンをきっちり上まで留めてね。学校で罰則を科された生徒が、優等生であることをアピールしているような雰囲気を漂わせていたんだ」

荷造りをしていたマラドーナは、ワールドカップでの最後の試合となったナイジェリア戦で使ったブルーのユニフォームをバッグの中から引っ張り出してきて、力のない声でこう訊いた。

「これ、まだ欲しいかい？」

アルクッチは、もっといろんな言葉をかけてやりたい衝動に駆られながらも、できるだけ早

1990年ワールドカップにて。（提供:Daniel Arcucci）

めにその場から去り、今はそっとしておくべきだと悟った。そして、笑顔を見せながらこう答えた。

「欲しいとも。前よりも、もっとね」

この時アルクッチが感じた「愛されることへのこだわり」は、21年後に気づくことになる「イングランド戦でゴールを決めたマラドーナであり続けようとする責任」と結びつく。「まだ欲しいか」という問いからは、「自分はマラドーナとして失格だ」とでも言いたげな自責の念と落胆が感じられ、なんとも切ない気持ちになる。

その話を聞きながら、私は2001年11月に行なわれた引退試合でのワンシーンを思い出した。「俺は過ちを犯し、その代償を払った。でもボールは汚れない」の名言を残す前、マラドーナは「どうか君たちの愛が永遠に続きますように」と言いながら胸の前で両手を交差し、自分で自分を抱き締めた。もしかしたらあの時も、愛され続けるためにはマラドーナであり続けなければと、心の中で自分に言い聞かせていたのかもしれない。

灰色の人生を捨てて

Renunciando a una vida gris

フェルナンド・シニョリーニは異色の人だ。

86年ワールドカップでは、パーソナル・トレーナーとしてマラドーナに帯同しながらも、アルゼンチン代表のチームウェアどころかスポーツウェアさえ着ず、大会期間中はずっとタンクトップとジーンズで通した。２０１９年、ドキュメンタリー映画『ディエゴ・マラドーナ 二つの顔』の出演者としてカンヌ映画祭に招待された時は、参加者が正装で決めるなか、黒いTシャツにブラックジーンズ、頭には貧しい子どもたちのために設立されたサッカークラブ「Club Villas Unidas」の紫色のキャップという身なりで登場。大変な読書家でもあり、哲学をこよなく愛し、ラジオのパーソナリティを思わせるような耳に心地良い声で、政治、経済、歴史など、あらゆる分野の興味深い話を次々と聞かせてくれる。フィジカル・トレーナーというよりも、個性的で独特のスタイルを持った大学教授のような雰囲気を漂わせている。

マラドーナは、そんなシニョリーニに絶大な信頼を寄せ、83年から94年まで、一時的な休止期間を挟みながら11年もの間、彼を専属トレーナーとして従えていた。堕落の極みにあったマラドーナを文字通り蘇生させてピッチに送り出す仕事を黙々と、淡々とこなしたコーチとして、サッカー界では多くの人から崇敬されている。

プロローグでも紹介した「ディエゴとなら世界の果てまで一緒に行く。でもマラドーナにはちょっとそこの角まで付き添うのも嫌だ」は、シニョリーニの名言のひとつである。私は今まで、彼にそこまで言わしめた「ディエゴ」の魅力について、本人から直接聞いてみたいとずっと思っていた。でも、マラドーナのキャリアの半分を一緒に過ごし、傍で支えたシニョリーニは、私にとっても格別な存在だ。畏れ多くて、気軽に話しかけられるような人ではないという印象を勝手に抱いていたが、彼に会って間もなく、私のそんな気持ちは一掃された。

「実は93年に3か月ほど日本に滞在したことがあってね。新幹線に乗ってあちこちでJリーグの試合を観たんだ。天丼が好きで、どこに行ってもそればかり食べていたよ」

それまであった緊張感が「テンドン」の一言ですっかり消えてしまった。カフェのテラス席で向かい合って話を聞く間、道行く人が時折シニョリーニに気づいて立ち止まる。私はそれも気にならないほど、彼の巧みな語りにどんどんのめり込んだ。「きっとマラドーナも、昔はこうして彼の話に聞き入ったんだろうな」と想像を巡らせ、会話の途中で何度も鳥肌が立つのを感じながら。

「私はアンドニ・ゴイコエチェアに感謝しているんだ。私とディエゴとの出会いは、他人の不幸が自分に思わぬ幸運をもたらすという典型的なケースだった」

ゴイコエチェアは、83年9月24日、バルセロナでプレーしていたマラドーナの足首を強烈なタックルでへし折って一躍有名になった人物だ。当時シニョリーニは、故郷で体育教師として働いたあと、セサル・ルイス・メノッティのもとでトレーナーとしての知識を深めるためバルセロナに移住したばかりで、マラドーナのリハビリにあたっていたアルゼンチン人医師ルベン・オリーバからの依頼で運動療法を担当することになった。

「メノッティの計らいでバルセロナの練習を見学する機会に恵まれて、そこでオリーバ医師と知り合い、トントン拍子に話が進んだんだ。無償で引き受けたよ。私はアルバイトをしながら生計を立てていたんだが、マラドーナのリハビリを任せてもらうなんて夢のようだった。ディエゴは当時すでに『マラドーナ』だったからね」

週に2~3回の頻度でマラドーナの自宅に通い、リハビリを行なった。階段の上り下りと腹筋という簡単なメニューからスタートし、やがて野外トレーニングができるようになるまで順調に回復。その間、シニョリーニはマラドーナにたくさんの本を読ませたという。

「トレーナーとして、トレーニングをする相手を知らなければならない。どんなことに確信を抱き、どんな迷いがあるのか。どのような過去があるのか、夢は何なのか。その過程で、私はアスリートに本を読ませるようにしているんだが、ディエゴはアルゼンチンのカウディージョ（軍を率いて戦う政治的なリーダー）について書かれた本をよく読んだ。特にファクンド・キローガやチャチョ・ペニャローサがお気に入りでね」

キローガも、「チャチョ」ことアンヘル・ビセンテ・ペニャローサも、1800年代初頭に中央集権制度と戦った地方の連邦派カウディージョだ。貧民街の出身で、同士を守り、権力に歯向かったマラドーナは、彼らのストーリーに自分の姿を投影して感銘を受けたに違いない。

「オスカー・ワイルドの『不服従は人間本来の美徳』という言葉も気に入っていたし、不平等と闘ったチェ・ゲバラには深く傾倒していた。彼は本気でチェになりたいと思っていただろう。実際にディエゴはサッカー界のチェ・ゲバラだったけどね」

シニョリーニとのトレーニングセッションは、マラドーナにとってフィジカル面だけでなく、頭を鍛える時間でもあった。100日以上もの戦線離脱期間中、知識を吸収し、モチベーションを高め、復帰に向けて身も心も万全なコンディションに持っていくことができた。

リハビリが終わりに近づいた頃、シニョリーニは予期せぬオファーを受ける。マラドーナからパーソナル・トレーナーになってほしいと頼まれたのだ。

「とんでもないアイデアだと言ってやった。当時、団体スポーツの選手が自分だけのトレーナーをつけるようなケースはなかったからだ。目立ったことをするとまたメディアから騒がれるぞと言ったが、ディエゴは『メディアはいつも騒ぐから気にしない』と言う。私はちょっと考えさせてほしいと言い、すぐには返事をしなかった。心の中では嬉しくてたまらなかったのに、その場で飛びつくように承諾するのは気が引けたんだ」

シニョリーニはその夜、後悔した。翌朝になったら気が変わっているかもしれない。マラドーナ専属のトレーナーになる絶好のチャンスを逃したら、一生悔やむことになるだろうと。だが幸い、マラドーナの意志は固かった。シニョリーニが次のトレーニングでオファーを引き受けることを告げると、マラドーナはニヤリと笑った。

「あえて間を置いた私の気持ちを察知していたんだよ。やっぱりね、とでも言いたげな微笑だった。その頃にはお互いのことがよくわかっていて、トレーニングを続けるのに理想的な関係になっていた証だった。そしてディエゴが『じゃあ契約のためにシテルスピレール（当時マラドーナの代理人だったホルヘ・シテルスピレール）と話をしてくれ』と言うので、私は契約書もサインも必要ないと言った。しっかり握手をして、それだけですべてが成立した。あの日から11年間、報酬の支払いが遅れたことなど一度もなかったよ」

こうしてシニョリーニは、本人の言葉を借りると「マラドーナと一緒にジェットコースターに乗る」ことになった。すでにジェットコースターの如くスリリングで、スピーディーだったマラドーナの人生は、その後ナポリに移籍したことでさらに劇的な変化を遂げる。

ナポリでの生活は狂気的だった。外を歩くこともできず、外食したければレストランの一夜分の売り上げを支払って貸し切るしかなかった。

「でもディエゴは、そんなナポリを愛していた。イタリアのメディア関係者の中には『ユベントスに行けばよかったのに』とか『マラドーナの身体にプラティニの頭をつけたらどうなっていただろう』なんて言って来る人もいたが、そのたびに私は『それではマラドーナにならないだろう』と言ってやった。北のミラノや首都のローマに立ち向かうナポリという立場は、反骨精神に満ちたディエゴにぴったりだったんだ。ディエゴがナポリで成し遂げたことは、ナポリだったからこそ意味も価値もある。それだけの代償を払ったことも事実だがね」

86年9月、ナポリの愛人クリスティーナ・シナグラがマラドーナとの間に授かったディエゴ・アルマンド・ジュニアを出産。シニョリーニは、これが「ディエゴの情緒不安定を引き起こした決定的な要因」と断言する。

「ジュニアの誕生は、ディエゴの感情に大きな打撃を与えた。自分がコントロールできない世

1987年、ナポリのスクデット獲得時。左からシニョリーニ、弟ラロ、ナポリのスタッフ、マラドーナ、弟ウーゴ。(Photo by Ricardo Alfieri)

界ができてしまい、コカインへの依存もさらに強くなった。トレーニングをすっぽかすようになったのもこの頃からで、試合に出なかったこともあった。無断欠席のたびに、私はチームに伝えるために何か言い訳を考えなければいけなかった。その言い訳が尽きてくると、私はディエゴの部屋に入って、ベッドから出て来ない彼の顔を軽く叩きながら『ふざけるのもいい加減にしろ、このままお前を殴ろうと思えば殴ることもできるんだ。さあ行くぞ！』と言って、ドアを閉めて外で待つ。しばらくするとシャワーの音がして、すっきりしたディエゴが何事もなかったかのような笑顔で出て来る。その繰り返しだった。トレーニングを休んでいる間は憎たらしいのに、笑顔を見せられた途端『ああ、これが私の知っている、愛さずにはいられないディエゴだ』と思ったものさ」

それでもシニョリーニは、マラドーナがコカインを服用したことを咎《とが》めない。むしろ、コカインに手を出したおかげで救われたと考える。

「気持ちがハイになり、一時的な苦悩から解放される。その間に周囲の者の協力でリセットすることができたからだ。そうでなければドラスティックな、悲劇的な選択をしていた可能性は多分にある。ディエゴはコカインがあったおかげで生き延びたと言っていい。私に『吸ってみないか』と勧めてきたこともあった。私が拒否するのをわかっていながら、ノーの返事を聞きたいために勧めたんだ。ディエゴにとって私は、コカインとは対照的な世界の人間であり、彼にノーと言えた数少ない存在だった」

自分の前でマラドーナがコカインを服用したことは一度もなかったが、服用後の姿は何度も目にし、そのたびに心が痛んだという。

「コカインに手を出した人を犯罪者のように扱う人は、家族や友人がそうなるまで、その考えが間違っていることに気づかない。薬物を服用するようになる経緯には、必ず原因がある。ディエゴの場合、15歳でいきなりプロの世界に晒され、心のサポートがまったくないまま世界的に有名なスター選手になった。何の準備もしていない状態で未知の世界に放り出されたんだ。外に出れば身動きが取れないほど大勢に囲まれるのに、心の葛藤に独りで耐えなければならなかった苦しみを想像できるかい？」

マラドーナと過ごした日々の中で、シニョリーニにとって最も思い出深いもののひとつが94年ワールドカップ前のトレーニングだ。コカイン依存症を克服し、最高のコンディションで今一度ワールドカップ優勝を目指すために行なった特別合宿である。

「当初、私はディエゴがあの大会に出場するというアイデアに乗り気ではなかった。チェの刺青をしてフィデル（キューバの最高指導者だった故フィデル・カストロ）とも懇意な間柄にあったディエゴがアメリカでプレーすることに、なんとなく嫌な予感がしたんだ。でも、何が何でも自分がワールドカップでプレーしている姿を娘たちに見せたいと言うので、『じゃあ覚悟を決めろ』と言ってやった」

シニョリーニが合宿の場所に選んだのは、首都ブエノスアイレスから500キロほど内陸にあるラ・パンパ州の農場。イタリアサッカー協会から15か月の出場停止処分を受けていた間、マラドーナが滞在した海辺の町で知り合った農場主の敷地で、大草原のど真ん中にあった。周囲には何もない、文字通り「農場」の環境下、10日間の集中トレーニングがはじまった。

「現地に着いた時、チャンネルが一局しか映らない白黒のテレビを見て、ディエゴが『いったい俺をどこに連れて来たんだ』と言うから、私は『フィオリートだよ』と答えた。フィオリートでの暮らしを思い出してもらいたかったんだ。大きな夢に胸を膨らませた子どもの頃の純粋な気持ちを取り戻すためにね。まるでロッキーみたいだったよ」

ジムで最新のマシーンを使うのではなく、ただひたすら草原を走り、荷車を引き、木材を鋸《のこぎり》で切るという毎日。その情景はまさに、映画「ロッキー4」でイワン・ドラゴとの決戦のため雪の中での原始的なトレーニングに打ち込んだロッキー・バルボアを彷彿とさせたのだ。大自然の懐に抱かれながら、マラドーナは理想的なコンディションに近づいていった。

だが同時に、毎日がコカインの誘惑との戦いでもあった。

「ある夜、もう0時に近かった頃、私がベッドで本を読んでいると戸を叩く音がした。ドアを開けると、そこにはディエゴが両目を大きく見開いて突っ立っていた。すぐに（離脱症状だと）わかったよ。そして無言のまま、頭で『行こう』と合図をしたから、私も黙って頷いた。上着を着込んで外に出ると、ちょうど満月の夜でね。冷え込んだ空気の中、絵に描いたように丸くて大きな月に照らされて、草原は金色に輝いていた。言葉にできないほど美しかったよ。そんな月明かりの下で、私たちはひたすら走ったんだ。聞こえるのは息遣いと足音だけ。しばらくするとディエゴが『よし、もう大丈夫だ』と言うので、しっかり抱き締めてやった。互いに何も言わず母屋に戻って寝床につき、翌朝ディエゴはまたいつもと変わらない、何事もなかったかのような最高の笑顔を見せてくれたのさ」

その2か月後、94年ワールドカップで起きたことはここに書くまでもない。ドーピング陽性結果から追放が決まったことをマラドーナに告げたのは、シニョリーニだった。

「私が部屋に入ると、ディエゴはベッドの中で蹲《うずくま》ったまま顔を見ようともしなかった。うすうす感づいていたんだろう。追放されたことを伝えて、一旦廊下に出てからしばらくすると、壁を殴る大きな音がした。ドアを開けて出てきたディエゴの顔は、大泣きしたせいで腫れ上がっていたよ」

あの時いったい何があったのか、なぜ陽性結果が出たのかは結局明らかにされていない。シニョリーニにはいくつかの心当たりがあり、私にも臆すことなく話してくれたが、いずれも彼の憶測に過ぎないためここに書くことはできない。彼が唯一断言できるのは、「ディエゴが身体的なアドバンテージを得るために、自らの意思で薬物を使用するようなことはありえないし、そんな必要などなかった」ということだった。

大会後、シニョリーニはマラドーナのもとを離れ、世界各国のクラブやサッカースクールでトレーナーとしての仕事を続けた。マラドーナとは音信不通も同然の状態にあったが、2008年10月、約14年もの時を経て、突然クラウディア夫人から電話がかかってきた。

「すぐディエゴが出てきて、『やあ元気か！』って。昨日まで顔を合わせていた友人に話しかけるように、何事もなかったかのようにね。相変わらずの、私が知っているディエゴだった」

電話の目的は、アルゼンチン代表チームへの誘いだった。代表監督に就任したマラドーナが、自分のスタッフとして真っ先に選んだのがシニョリーニだったのだ。劇的な展開となった予選を戦い抜き、ふたりは2010年ワールドカップでもう一度世界の舞台に立つこととなった。

「バルセロナで握手をかわしたあの瞬間から、私は灰色の人生を捨てたんだ。すべては白か黒。中途半端は存在しない。それがディエゴの人生だった。彼は、ごく平凡だった私の人生を桁外れに素晴らしいものにしてくれた。チェ・ゲバラに憧れた純粋な反逆児には、感謝の気持ちしかないよ」

2010年ワールドカップにて。右がシニョリーニ、中央は元アルゼンチン代表MFエンリケ。(Photo by Javier García Martino)

シニョリーニは、今でもマラドーナが突然、ひょっこり顔を出してくるのではないかと感じるそうだ。まるで何事もなかったかのような、愛さずにはいられない最高の笑顔で。

1979年8月の「こどもの日」にフィオリートの子どもたちに寄付するために購入した7000個のおもちゃをバックに。(Photo by Torneos y Competencia / Revista El Gráfico)

エピローグ

いつも心の中に「13歳のディエゴ」がいた

Epílogo / Siempre "un Diego de 13 años" en el corazón

はじめてアルゼンチンの地を踏んでから32年。その間、ずっと忘れたままになっていた志を胸に、私は「ディエゴ」を探す2度目の旅に出た。この本では、そこで遭遇した膨大な数の逸話から「アルゼンチンでのマラドーナ」にこだわり、彼の影響力や人間性がより一層感じられるものを厳選して紹介している。

ここに長年住んでいる私でもはじめて知って驚いたストーリーがいくつかあったが、なかでも一番心を動かされたのは、マラドーナが13歳の時にエビータ大会で知り合った年上の友人パチェコをいつまでも気にかけ、助けようとした話だった。問題を抱えながらも救いの手を拒否し続けたパチェコに、マラドーナ自身の姿を見たような気がしたのだ。

晩年のマラドーナはうつ病とアルコール依存症に苦しんでいたが、何とかして彼を救おうとした家族や友人から遠ざかっていた。口うるさくて厳しい彼らより、何でも言うことを聞き、好き放題させてくれる取り巻き連中といるほうが気楽だったのだろう。

私はそんなマラドーナに苛立ち、腹を立てたことさえあったが、実は彼も助けたいのに助けられない歯痒さを自ら体験していた。それでも僻《ひが》むことなく、「みんなのため」でありたいと多くの人に手を差し伸べ、勇気を与え続けたのだ。助けを受け入れなかったのは、もう自分のことなど放っておいてくれという意思の表れだったのかもしれない。

マラドーナが天に召された日、アルクッチがテレビのサッカー番組で語っていた「私はディエゴが『マラドーナであり続けなければいけない』という責任からようやく解放されたと思っている。今まで見つけることのできなかった安らぎに、やっと辿り着けたんだ」という言葉も腑に落ちた。そして、この「1枚の写真」にまつわるストーリーと同じ頃にあった、マラドーナの優しさと素朴さが感じられるこんなエピソードを思い出した。


マラドーナは13歳の頃、カテゴリア60の仲間たちと一緒に害虫駆除のアルバイトをしていた時期があった。そして、生まれてはじめてもらった給料で、彼は母親にピザをご馳走している。

彼が母ドーニャ・トタを招待したのは、ブエノスアイレス市南部に位置する庶民的な町ヌエバ・ポンページャにある「ラ・ルンバ」という大衆向けレストラン。ここでふたりは満腹になるまでピザを食べたという。

生前のテレビインタビューで、当時の思い出についてこう振り返っている。

「はじめて自分で仕事をして報酬を手にした時は嬉しかった。あの時の俺は、今で言うところのビル・ゲイツみたいだったな。その金を持ってラ・ルンバに行ったんだ。害虫駆除であの界隈に出向いて店の前を通るたびにピザのいい匂いがしてさ。給料が出たらここに来ようって決めていたんだ。そしてピザをたらふく食った。お袋とふたりっきりで、まるでカップルみたいにね。お袋は女王様気取りだった。幸せなひと時だったよ」

マラドーナは非常に貧しい家庭で育った。父は朝早くから夜遅くまで働きづめだったが、工場での労働から得られる月給は微々たるもので、8人の子どもに食べさせるのが精一杯だった。そのため食卓に肉料理が出るのは月に1度きりで、父の給料日だけ肉を食べる贅沢が許されたという。アルゼンチンにおける1960年代の年間牛肉消費量がひとりあたり80～90キログラム（アルゼンチン牛肉振興協会調べ）だったという統計からも、月に1度しか肉を食べられなかった家庭の貧しさがわかっていただけるだろう。

そんな環境で育ちながらも、アルヘンティノスのジュニアチームに入団したばかりの頃、マラドーナは栄養不良の状態になかった。彼を診察したパラディーノ医師によると、ドーニャ・トタは慎ましい暮らしをしながらも限られた食材で工夫を凝らし、栄養のバランスが取れたものを子どもたちに食べさせていたとのことだった。そしてフランシスから「この子は近い将来あなたたち一家を貧困から救うでしょう」と言われると、肉が手に入ればマラドーナに与え、娘たちには野菜を食べさせ、自分は何も食べない日もあったという。

マラドーナ自身も「お袋は昔よく腹痛を訴えていたが、それが空腹によるものだということに気づいたのはずいぶんあとになってからだった」と話している。はじめてもらった給料で、いつもお腹を空かせていた母親に満腹になるまでピザを食べさせてあげた健気さはいかにも彼らしい。

後年マラドーナはこの店を買い取ろうとしたが、オーナーからあっさり断られたらしく、インタビューでは「俺がノーと言われた数少ない出来事のひとつだな！」と笑いながら語っていた。

母親思いのマラドーナだったが、父ドン・ディエゴも彼の人生になくてはならない存在だった。

恩師フランシスは著書の中で、ドン・ディエゴについて「貧しかったが心は豊かで品格があり、筋の通った人だった」と書いている。マラドーナも父について聞かれるたびに「働き者でプライドが高く、俺をしっかり躾けてくれた。俺のいいところはすべて親父から学んだ」と話していた。

自分のために犠牲を払うことを惜しまなかった両親への感謝のしるしとして、マラドーナは1978年11月7日、はじめての持家となるラスカーノ通り2257番地の一戸建てをプレゼントした。アルヘンティノスが契約更新のボーナスとして譲渡したもので、新居祝いには大勢のクラブ関係者と報道陣が集まり、当時クラブの会長だったプロスペロ・コンソリから家の鍵を渡されたマラドーナが感極まる両親を抱き締める映像も残されている。

アルヘンティノスのスタジアムからわずか4ブロックという至近距離に位置するこの家は、現在「Casa de DIOS」(神の家)という名の博物館になっている。所有しているのは、マラドーナが1977年に最初のプロ契約を結んだ時のクラブ役員だったアルベルト・ペレス。2008年に10万ドルで買い取り、一家が住んでいた頃の様子を忠実に再現するため、息子セサルの協力を得て当時の写真と照らし合わせながら、家具、内装、家電、小物に至るまで揃え、博物館に仕上げた。

私がこの家を訪れたのは、マラドーナが亡くなった1か月後のことだった。一戸建てと言っても決して豪華ではなく、中は広いが質素な造りで、いかにも庶民の家という印象だ。マラドーナは81年2月にボカに移籍するまでの約2年間、両親と7人の姉弟と一緒にこの家に住んだ。

セサルの案内で、玄関のホールから広いリビングルームに入り、一家の団欒の場だったというキッチン、寝室、バスルーム、テラスまでをじっくり見て回った。あちらこちらにその場で撮影されたマラドーナの写真が飾られていて、本当に彼がここにいたのだという実感がこみ上げてくる。フィオリートの狭い家で支え合いながら貧しさを乗り越えた家族の絆とぬくもりまで伝わってきて、マラドニアーノなら一度は訪れる価値のある所縁の地だ。

だが正直なところ、ちょっと切なさを感じてしまうのも事実である。

この家に住んでいた頃のマラドーナは、まだコカインの誘惑を知らなかった。愛する家族をフィオリートからラ・パテルナル地区に移し、プロサッカー選手としての輝かしい将来が約束され、希望に満ち溢れていた時期だ。その後の目まぐるしい展開と苦悩を知っているだけに、どうにかして彼をここに連れ戻し、そのまま1978年にタイムスリップできないものかと思ってしまったのだ。

そこでちょっと気になり、マラドーナがこの家に戻って来たことがあったかどうかをセサルに聞いてみると、「一度もない」とのことだった。

「ちょうど1年前、来るかもしれないと言われて僕はここで待っていたんだけど、結局来なかった。マラドーナの行動は予測できないから仕方ない。残念だったけどね」

来なかった理由はなんとなくわかる。シニョリーニから「ディエゴはかねてから『自分は両

ラスカーノ通り2257番地にあるマラドーナの家。現在は博物館「Casa de D10S」として一般公開されている。
(Photo by Javier García Martino)

親よりも先に逝きたい、両親の死には耐えられないから』と言っていた」と聞いていたからだ。部外者の私でさえ当時の空気に包み込まれるような不思議な感覚に陥るのだから、ドーニャ・トタとドン・ディエゴが亡くなってからうつの症状が悪化したという彼がもしこの家を訪れていたら、両親とのかけがえのない日々が甦り、耐え難い哀しみに襲われていただろう。

それでも、最初に両親にプレゼントした家には特別な思い入れがあったに違いない。ドバイで突然、この家の写真を見せられて欲しがったという話からも、彼のそんな胸懐は十分感じられる。もっと早く、両親が生きていた間に一緒に訪問できなかったものかと悔やんでしまうが、その怱忙《そうぼう》さと浮き沈みの激しさからジェットコースターに例えられた「マラドーナとしての人生」を歩みはじめてからは、後ろを振り返る余裕さえなかったのだろう。

キッチンに飾られた家族写真を見つめながらそんなことを考えていた私に、セサルは言った。

「マラドーナは自分の好きなように生きた。生まれ変わってもマラドーナのように生きただろう。実際、本人もそう言っていたからね」

最初の持家には二度と戻って来なかったが、セサルは「それで良かったのだ」と自分に言い聞かせているようだった。

実は今回、取材に応じてくれたすべての人に、私は同じ質問をぶつけてみた。「マラドーナがアルゼンチンで愛された理由は何か？」というものだ。そこで得られる回答から様々な見解について考えてみるつもりだったのだが、そのアイディアは失敗に終わった。なぜなら見事に全員が（使う単語こそ多少異なったものの）「自分の原点だった貧しい出自を放棄しなかったから」と答えたからである。

マラドーナは、二度とスタート地点に戻って来ることのないジェットコースターに乗せられて、質素な一戸建てから豪邸に引っ越してからも、自分がどこから来たか、どこに属しているのかを忘れなかった。名声を利用して手に入れることも可能だった権力には背を向け、貧しい階級の出身であることに揺るぎない自覚とプライドを抱き続けた。そしていつも弱い立場の人、助けを必要とする人の側に立ち、「神」と崇められる存在になってしまったあとは、その大きな心で責任を一身に背負い、そこに生き甲斐さえ見出した。

彼の心の中には、敗戦に涙する友に寄り添い、はじめての給料で母にピザをご馳走した「13歳のディエゴ」がいつまでも生き続けていたのだ。その発見は私にとって、今回の「2度目の旅」で得られた最も大きな収穫だったように思う。

取材を通じて、「マラドーナはサッカー選手としても素晴らしかったが、それよりも人として最高だった」と立証できる人たちがいる国に住んでいる意義を再確認したと同時に、私の人生を変えたひとりのサッカー選手が一層愛しく、尊い存在となった。この本を読んでくださった皆さんに、少しでもそんな「ディエゴ」の不変の魅力を感じ取っていただけたら本望である。

取材に応じてくださったすべての方々、今回の企画を発案し、執筆にあたって貴重な助言をくださったイースト・プレスの圓尾公佑さんとアップルシード・エージェンシーの宮原陽介さん、そしていつも支えとなってくれる夫と娘たちに、心から感謝の気持ちを伝えたい。

最後に、60年で120年分を生き、人々の記憶に強烈な輝きを焼きつけ、流れ星のように去ってしまったディエゴ・アルマンド・マラドーナへ。

Eternamente gracias. Que en paz descanses.（永遠にありがとう。安らかに。）

アルヘンティノス・ジュニオルス博物館『El Templo del Futbol』に展示されたロス・セボジータスのジャージ。(Photo by Javier García Martino)

［ディエゴ・アルマンド・マラドーナ年表］

１９６０年10月30日　：ラヌース市の国立エビータ病院にて誕生。

１９６９年３月　8歳：アルヘンティノス・ジュニオルスのジュニアチームに入団。
チームはその後１３０試合を超える無敗記録を樹立。

１９７１年　10歳：初めてテレビに出演。新聞、雑誌にも初めての記事が掲載される。

１９７３年　13歳：ロス・セボジータスの一員としてエビータ大会に出場。
ブエノスアイレス地区予選で優勝した後、全国大会で3位となる。

１９７４年　14歳：エビータ全国大会を制覇。
アルヘンティノスの9軍でも下部リーグで優勝し二冠を達成。

１９７６年10月20日　15歳：アルヘンティノスのトップチームでプロデビュー。

１９７７年２月27日　16歳：アルゼンチン代表でデビュー。
試合はハンガリーとのテストマッチ。結果は5-1でアルゼンチンの勝利。

１９７７年４月　：U20アルゼンチン代表としてU20南米選手権に出場。チームはグループステージで敗退。

１９７８年５月19日　17歳：同年アルゼンチンで開催されたワールドカップの予備登録メンバーから外される。

１９７８年10月　：アルゼンチン1部リーグ「トルネオ・メトロポリターノ」のトップスコアラーになる。

１９７９年１月　18歳：U20アルゼンチン代表としてU20南米選手権に出場。
チームは準優勝し、同年のワールドユース出場権を得る。

１９７９年８月　：アルゼンチン1部リーグ「トルネオ・メトロポリターノ」のトップスコアラーになる。

１９７９年９月７日　：U20アルゼンチン代表として日本で開催されたワールドユースにて優勝。大会のＭＶＰに輝く。

１９７９年12月　19歳：アルゼンチン１部リーグ「トルネオ・ナシオナル」のトップスコアラーになる。
１９８０年８月　：アルゼンチン１部リーグ「トルネオ・メトロポリターノ」のトップスコアラーになる。
１９８０年12月　20歳：アルゼンチン１部リーグ「トルネオ・ナシオナル」のトップスコアラーになる。
１９８１年２月22日　：ボカ・ジュニオルスでデビュー。タジェレス相手に２ゴールを決め、４－１の勝利に貢献。
１９８１年８月　：ボカの一員としてアルゼンチン１部リーグ「トルネオ・メトロポリターノ」で優勝。
１９８２年１月　21歳：ボカの一員として日本で開催されたゼロックス・スーパーサッカーに出場。
１９８２年６月　：アルゼンチン代表としてワールドカップ・スペイン大会に出場。
２次ラウンドのブラジル戦で相手選手を蹴飛ばし退場処分となり、チームは敗退。
１９８２年９月４日　：ＦＣバルセロナ（スペイン）でデビュー。
１９８３年６月４日　22歳：バルセロナの一員としてスペイン国王杯で優勝。
１９８３年６月29日　：バルセロナの一員としてスペイン１部リーグで優勝。
１９８３年９月24日　：ビルバオ戦でゴイコエチェアから受けたタックルにより左足首を骨折。約３か月後に復帰。
１９８４年６月30日　23歳：ＳＳＣナポリ（イタリア）に移籍。
１９８６年６月　25歳：アルゼンチン代表としてワールドカップ・メキシコ大会に出場。
１９８６年６月22日　：イングランド戦でハンドによるゴールと５人抜きドリブルからの得点をマーク。
１９８６年６月29日　：アルゼンチン代表として決勝で西ドイツ相手に３－２の勝利をおさめて優勝。
１９８６年９月20日　：ナポリの愛人との間にディエゴ・アルマンド・ジュニア誕生。
30年後に実子であることを認知。
１９８７年４月２日　26歳：婚約者クラウディア・ビジャファーニェとの間に長女ダルマ・ネレア誕生。
１９８７年５月10日　：ナポリの一員としてセリエＡを制覇。クラブ史上初となるスクデットを獲得。

1987年6月13日　：ナポリの一員としてコッパ・イタリアで優勝。
1987年6月　26歳：アルゼンチン代表としてコパ・アメリカに出場。準決勝でウルグアイに敗れ、チームは4位に。
1989年5月　28歳：ナポリの一員としてUEFAヨーロッパリーグで優勝。
1989年5月16日　：次女ジャニーナ・ディノラ誕生。
1989年7月　：アルゼンチン代表としてコパ・アメリカに出場。チームは3位に終わる。
1989年11月7日　29歳：クラウディアと結婚。
1990年4月29日　：ナポリの一員として2度目のスクデットを獲得。
1990年6月　：アルゼンチン代表としてワールドカップ・イタリア大会に出場。
チームは決勝に進出するもドイツに敗れて準優勝に終わる。
1990年9月1日　：ナポリの一員としてスーペルコッパ・イタリアーナを制覇。
1991年3月17日　30歳：セリエAのバリ戦でドーピング検査からコカインが検出。
イタリアサッカー協会から15か月間の出場停止処分を下される。
1991年4月26日　：ブエノスアイレス市内にてコカイン所持容疑で逮捕。
1992年4月15日　31歳：フアン・ヒルベルト・フネス追悼チャリティマッチに出場。
プレーを禁じるFIFAに対抗し、ルールを変えて試合を強行。
1992年9月　：セビージャ（スペイン）に移籍。
1993年2月18日　32歳：アルゼンチンサッカー協会創立100周年記念試合のブラジル戦で
約2年半ぶりにアルゼンチン代表に復帰。
1993年2月24日　：アルゼンチン代表として南米チャンピオンと欧州チャンピオンによって争われた
コパ・アルテミオ・フランチでデンマーク相手に優勝。代表としての最後のタイトルとなる。
1993年9月　：母国に戻りニューウェルス・オールド・ボーイズに移籍。公式戦で5試合に出場。

1993年10月31日及び11月17日　33歳：ワールドカップ予選プレーオフでオーストラリアと対戦。本大会出場権を得る。
1994年2月2日　：ニューウェルスの合宿から無断で抜け出し、家族が滞在していた別荘に移動。待ち伏せる報道陣に向けてエアライフルを発砲、数人に怪我を負わせる。
1994年4月　：ワールドカップ・アメリカ大会出場に向けた10日間の集中トレーニングを開始。
1994年5月　：アルゼンチン代表としてキリンカップ来日メンバーに入るも、コカイン服用歴から日本入国許可が下りず、団結の意を示した代表メンバー全員が出場拒否。
1994年6月　：アルゼンチン代表としてワールドカップ・アメリカ大会に出場。グループリーグのナイジェリア戦でドーピング陽性反応が検出され、追放処分となる。チームは決勝トーナメント1回戦で敗退。その後FIFAから15か月間の出場停止処分を下される。
1994年10月3日　：デポルティーボ・マンディジューの監督に就任。
1995年1月6日　34歳：ラシン・デ・アベジャネーダの監督に就任。
1995年9月　：選手の権利を守るため、パリにて国際プロサッカー選手協会を創立、会長に就任。エリック・カントナ、フリスト・ストイチコフ、ジャンルカ・ヴィアリなどが賛同。
1995年10月　：選手としてボカ・ジュニオルスに14年ぶりの復帰。
1996年4月4日　35歳：愛人との間に女児ハナ誕生。2008年に認知。
1996年8月　：薬物依存症の治療のため、スイスのクリニックでリハビリを開始。
1997年4月7日　36歳：チリのテレビ番組に出演中、高血圧症のため救急搬送される。
1997年8月28日　：リーグ戦後のドーピング検査からコカインが検出される。医師団が「重度の薬物依存症のままプレーし続けると命に関わる」と警告。
1997年10月30日　37歳：現役引退を発表。

2000年1月4日　39歳：ウルグアイの避暑地プンタ・デル・エステに滞在中、
コカインの過剰摂取による不整脈と高血圧症から危篤状態に陥り緊急入院。
退院後、キューバで治療を続ける。

2000年9月　39歳：『マラドーナ自伝』を出版。

2001年11月10日　41歳：ボカの本拠地ボンボネーラで引退試合を行なう。
「俺は過ちを犯し、その代償を払った。でもボールは汚れない」との名言を残す。

2002年6月28日　：アルゼンチン政府観光・スポーツ省の役員として特別入国ビザを取り、
日韓ワールドカップ決勝のため訪日。

2003年3月7日　42歳：キューバでのリハビリ期間中、クラウディアがアルゼンチン国内で離婚届を提出。

2004年4月18日　43歳：ボカの試合をボンボネーラで観戦後、
コカイン摂取による拡張型心筋症で危篤状態に陥り、救急搬送される。

2005年3月　44歳：肥満のためコロンビアで胃のバイパス手術を受け、50キロの減量に成功。

2005年6月　：ボカの強化部マネージャーに就任。任期は約1年間。

2005年8月15日　：自身が司会を務める番組「La Noche del 10」がスタート。
ペレやフィデル・カストロ、マイク・タイソンといった大物へのインタビューを含め、
全13回にわたり完璧なエンターテイナーぶりを発揮。

2007年3月28日　46歳：アルコールの過剰摂取により体調を崩し緊急入院。

2008年11月4日　48歳：アルゼンチン代表監督に就任。

2008年11月19日　：スコットランドとの親善試合でアルゼンチン代表監督としてデビュー。

2009年10月14日　：アルゼンチン代表監督として、予選最終節のウルグアイ戦で0－1の勝利をおさめ
ワールドカップ出場権を獲得。試合後の会見で、それまでチームを批判してきたメディアに対し
「俺のアソコをしゃぶってろ！」と卑猥な発言をしたため
FIFAから罰金と2か月間の活動停止処分を下される。

2010年3月29日　49歳：飼い犬に唇を噛まれて手術を受ける。

２０１０年６月　：アルゼンチン代表監督としてワールドカップ・南アフリカ大会に出場。チームは準々決勝でドイツに０－４と完敗して敗退。
２０１０年７月27日　：アルゼンチンサッカー協会が自分のスタッフとの契約を更新しなかったことを理由に代表監督を退任。
２０１１年８月３日　50歳：アル・ワスル（ＵＡＥ）の監督に就任。
２０１１年11月20日　51歳：ドーニャ・トタこと母ダルマ・サルバドーラ死去。
２０１２年９月２日　：ドバイのスポーツ大使に就任。
２０１３年２月３日　52歳：ガールフレンドのベロニカ・オヘダとの間に男児ディエゴ・フェルナンド誕生。
２０１４年６月　53歳：ベネズエラ政府が運営するテレビ局「テレスール」と契約。ワールドカップ・ブラジル大会期間中はコメンテーターとして活動。
２０１５年６月25日　54歳：父ドン・ディエゴ死去。
２０１５年11月15日　55歳：ベネズエラにて再び胃のバイパス手術を受ける。
２０１７年５月７日　56歳：ＵＡＥ２部リーグのアル・フジャイラの監督に就任。
２０１７年10月23日　：ザ・ベストＦＩＦＡフットボールアウォーズにプレゼンテーターとして出席。
２０１８年５月18日　57歳：ディナモ・ブレスト（ベラルーシ）の会長に就任。
２０１８年６月26日　：ワールドカップ・ロシア大会でアルゼンチン対ナイジェリア戦を観戦後に体調の不具合を訴え、救急治療を受ける。
２０１８年９月６日　：ドラードス・デ・シナロア（メキシコ）の監督に就任。
２０１９年９月５日　58歳：ヒムナシア・ラ・プラタ（アルゼンチン）の監督に就任。
２０２０年11月３日　60歳：脳血腫の除去手術を受ける。
２０２０年11月25日　：心肺停止により、療養先の別荘で死去。

Casa de D10Sに展示されている写真。アルヘンティノス時代に乗っていたフォード・タウヌスと一緒に。(Photo by Javier García Martino)

【参考文献・資料】

アルゼンチン国営通信Telamウェブサイト

『Cebollita Maradona』Francisco Cornejo著(Editorial Sudamericana)［2001年］

『マラドーナ自伝』ディエゴ・アルマンド・マラドーナ著(幻冬舎)［2002年］

『El Otro Maradona』ドキュメンタリー映画［2013年］

『Cerrado por Fútbol』Eduardo Galeano著(Siglo XXI Editores)［2017年］

『Líbero』テレビ番組(TyC Sports)［2019年］

藤坂ガルシア千鶴

Chizuru Fujisaka de Garcia

ライター。1968年10月31日生まれ。清泉女子大学英語短期課程卒業。89年からアルゼンチンの首都ブエノスアイレスに暮らす。78年W杯でサッカーに魅せられ、同大会で優勝したアルゼンチンに興味を抱き、その後マラドーナへの強い憧れからアルゼンチン行きを決意。大学在学中から「サッカーダイジェスト」誌にアルゼンチンサッカーの記事を寄稿し、その後30年以上にわたってスポーツ紙や専門誌に南米サッカーの情報を送り続けている。著書に『マラドーナ　新たなる闘い』(河出書房新社)、『ストライカーのつくり方』(講談社現代新書)、『キャプテン・メッシの挑戦』(朝日新聞出版)、訳書に『マラドーナ自伝』(幻冬舎)がある。

ディエゴを探《さが》して
Buscando a Diego

2021年7月25日　初版第1刷発行

［著　者］　藤坂《ふじさか》ガルシア千鶴《ちづる》
［ブックデザイン］　松坂 健（TwoThree）
［DTP］　臼田彩穂
［編　集］　圓尾公佑

［著者エージェント］　宮原陽介（アップルシード・エージェンシー）

［発行人］　永田和泉
［発行所］　株式会社イースト・プレス
〒101-0051
東京都千代田区神田神保町2-4-7久月神田ビル
TEL:03-5213-4700　FAX:03-5213-4701
http://www.eastpress.co.jp

［印刷所］　中央精版印刷株式会社

ISBN978-4-7816-1996-5